Chinese Proficiency Grading Standards for
International Chinese Language Education

国际中文教育中文水平等级标准

词汇速记速练手册

Quick Vocabulary Handbook

曲抒浩 编著

一级
Level 1

北京语言大学出版社
BEIJING LANGUAGE AND CULTURE
UNIVERSITY PRESS

© 2022 北京语言大学出版社，社图号 22062

图书在版编目（CIP）数据

国际中文教育中文水平等级标准．词汇速记速练手册：一级 / 曲抒浩编著. -- 北京 : 北京语言大学出版社，2022.11
ISBN 978-7-5619-6122-3

Ⅰ.①国… Ⅱ.①曲… Ⅲ.①汉语－词汇－对外汉语教学－课程标准 Ⅳ.① H195.3

中国版本图书馆 CIP 数据核字（2022）第 150508 号

国际中文教育中文水平等级标准·词汇速记速练手册（一级）
GUOJI ZHONGWEN JIAOYU ZHONGWEN SHUIPING DENGJI BIAOZHUN·CIHUI SU JI SU LIAN SHOUCE (YI JI)

排版制作：	北京光大印艺文化发展有限公司
责任印制：	周 燚

出版发行：	北京语言大学出版社
社　　址：	北京市海淀区学院路 15 号，100083
网　　址：	www.blcup.com
电子信箱：	service@blcup.com
电　　话：	编辑部 8610-82303647/3592/3724
	国内发行 8610-82303650/3591/3648
	海外发行 8610-82303365/3080/3668
	北语书店 8610-82303653
	网购咨询 8610-82303908
印　　刷：	北京鑫丰华彩印有限公司

版　次：	2022 年 11 月第 1 版	印　次：	2022 年 11 月第 1 次印刷
开　本：	787 毫米 × 1092 毫米 1/16	印　张：	7.5
字　数：	95 千字		
定　价：	35.00 元		

PRINTED IN CHINA

凡有印装质量问题，本社负责调换。QQ：1367565611，电话：010-82303590

编写说明

《国际中文教育中文水平等级标准·词汇速记速练手册》（以下简称《词汇速记速练手册》）依据教育部和国家语委联合发布的《国际中文教育中文水平等级标准》（GF 0025—2021）（以下简称《标准》）的"词汇表"进行编写，是面向中文学习者的实用型词汇学习用书。

《词汇速记速练手册》依照《标准》"三等九级"的划分情况，共七个分册，分别收录初等一级 500 词、二级 772 词、三级 973 词、中等四级 1000 词、五级 1071 词、六级 1140 词，高等七—九级 5636 词。初等及中等分册内部以 20 个词语为一单元，高等分册内部以 60 个词语为一单元，力求将词汇学习化整为零，充分利用学习者的碎片化时间，提高词汇学习的效率，学习者可以每天完成一单元词语的学练。《词汇速记速练手册》按音序编排词语，分别从读音、词性、释义、用法四个维度对词语进行说明和展示。

《词汇速记速练手册》既可以作为学习者的 HSK 备考用书，也可以作为学习者自主学习中文词汇的学习用书。搭配中的短语、例句尽量从多角度展示词语的各种常见用法，以便学习者能够通过短语、例句的学习切实掌握词语用法。《词汇速记速练手册》初等一——三级词语的短语、例句用词以不超出该等级"词汇表"的范围为原则，自中等四级开始，每个词语的短语、例句的用词以不超出该单元之前"词汇表"的范围为原则，目的是让学习者通过对《词汇速记速练手册》的学习逐步扩大词汇量，便于学习者自主学习，降低词汇学习难度。为了兼顾短语、例句的丰富性与实用性，部分短语和例句中出现了"超纲词语"，对于这种情况，我们对"超纲词语"加注拼音与英文释义，以帮助学习者理解。

《词汇速记速练手册》初等及中等分册的内部体例分为"目标词语""速记""速练"三部分。

"目标词语"给出本单元需要记忆与掌握的词语，让学习者先有一个整体印象和词语学习目标。"速记"给出词语的拼音、词性、英文释义、搭配。其中，搭配中的目标词语以下画线形式进行标示，短语、例句的选择与编写力求做到典型常用，强调词语在实际语境中的运用，并严格控制"超纲词语"的数量与难度。"速练"对目标词语进行强化练习，分三个题型，各有侧重，互为补充：注音与释义连线题侧重对目标词语语音及语义理解的操练，选词填空题侧重对词语意义及用法的考查，完形填空题侧重对易混淆词语的区分。

《词汇速记速练手册》高等分册取消了"目标词语"板块，每单元 60 个词语分为三个部分，每单元、每部分均配有形式多样的练习。在高等词汇学习阶段，考虑到学习者对部分词语深入了解及词语辨析的需要，增设"重点词语"板块，对较难理解、用法复杂的词语进行进一步讲解与练习，这部分内容将以电子资源的形式呈现，扫描书后二维码即可获取相关资料，学有余力或对中文词汇有更深入了解需要的学习者可以自主学习。

词汇是国际中文教育的重点教学内容，这一点已成为业界共识，但词汇系统个性大于共性的特点也决定了词汇教学一直是国际中文教育中的薄弱环节。如何提高词汇学习效率，如何快速扩大学习者词汇量，这些问题编者一直在思考、实践。《词汇速记速练手册》就是编者从教学实际出发，帮助中文学习者自主学习中文词汇的一种积极尝试。书中存在的不足，恳请广大使用者批评指正。

编者

2022 年 7 月

Introduction

Chinese Proficiency Grading Standards for International Chinese Language Education: Quick Vocabulary Handbook (hereinafter referred to as *Quick Vocabulary Handbook*), written in accordance with the "Vocabulary List" in *Chinese Proficiency Grading Standards for International Chinese Language Education* (GF 0025–2021) (hereinafter referred to as *The Standards*) co-released by China's Ministry of Education and State Language Commission, is a practical vocabulary book for Chinese language learners.

Based on the division of three stages and nine levels (elementary stage: Levels 1–3; intermediate stage: Levels 4–6; advanced stage: Levels 7–9) in *The Standards*, the *Quick Vocabulary Handbook* is divided into seven volumes, respectively including 500 words of Level 1, 772 words of Level 2, 973 words of Level 3, 1,000 words of Level 4, 1,071 words of Level 5, 1,140 words of Level 6, 5,636 words of Levels 7–9. Each unit in the elementary and intermediate volumes has 20 words, while each unit in the advanced volume has 60 words, aiming to break up vocabulary learning into bits and pieces, so that learners' fragments of time can be made use of and their learning efficiency can be improved. Learners can finish learning and practicing one unit a day. The words are arranged in alphabetic order and are explained and demonstrated from four aspects — Pinyin, word class, definition, and usage.

The *Quick Vocabulary Handbook* can be used not only as a HSK preparation book, but also as a Chinese vocabulary study guide for self-directed learners. The collocations are phrases and example sentences that illustrate common usages of the words from various perspectives to help learners master these usages. For the phrases and sentences of the elementary words of Levels 1–3, the principle is that they should not use words that exceed the scope of the "Vocabulary List" of the corresponding level; starting Level 4, each word used in the phrases and example sentences should not exceed the scope of the "Vocabulary List" before the current unit. The purpose is to help learners expand their vocabulary step by step by using the *Quick Vocabulary Handbook*, facilitate autonomous learning, and reduce the difficulty. With diversity and practicality taken into account, certain phrases and example sentences include words beyond the scope, which are provided with Pinyin and English definition to help learners understand them.

Each elementary or intermediate volume consists of three sections: "Target words", "Quick memory", and "Quick practice".

"Target words" lists the words to be memorized and mastered in the current unit to give learners a whole picture and clear target. "Quick memory" offers the Pinyin, word class(es), English definition(s), and collocations of each target word. The target words are underlined in the collocations, and the phrases and example sentences selected and written are typical and frequently used. How the words are used in real situations is emphasized and the number and difficulty of the words beyond the scope are strictly controlled. "Quick practice", an intensive practice of the target words, includes three types of exercises, which differ in emphasis and complement one another. The pronunciation/definition matching exercise emphasizes the understanding of the pronunciations and definitions of the target words, the multiple-choice exercise stresses word meanings and usages, and the cloze exercise focuses on the differentiation between confusable words.

The "Target words" section is removed from the advanced volume, in which each unit includes 60 words that are divided into three parts. Each part is provided with various forms of exercises. At the stage of advanced vocabulary learning, learners need to understand certain words deeper and to differentiate certain words. In light of that, a new section — "Focus words" — is added to provide further explanation of and exercise on words that are difficult to understand and complicated in usage. This section is presented in the form of digital resources that can be obtained via the QR code on the back cover of the book. Learners who have extra energy or want to have a deeper understanding of Chinese vocabulary can learn these resources independently.

It is generally agreed within the field that vocabulary is a focus of international Chinese education, but the fact that vocabulary systems have more differences than commonalities makes vocabulary teaching a weak link in international Chinese education. I've been constantly looking for and practicing ways to improve learners' vocabulary learning efficiency and to expand their vocabulary faster. The *Quick Vocabulary Handbook*, based on the reality of teaching, is one of my positive attempts to help Chinese language learners learn Chinese vocabulary independently. Any comments or suggestions you may have on this book would be highly appreciated.

The Author
July 2022

目 录

第 1 单元（爱—北边）..1
第 2 单元（北京—唱）..5
第 3 单元（唱歌—打球）..9
第 4 单元（大—电视）...13
第 5 单元（电视机—饭店）...17
第 6 单元（房间—个）...21
第 7 单元（给—好看）...25
第 8 单元（好听—会）...30
第 9 单元（火车—今年）...34
第 10 单元（今天—课本）..38
第 11 单元（课文—楼下）..42
第 12 单元（路—门票）..47
第 13 单元（们—奶奶）..52
第 14 单元（男—女人）..56
第 15 单元（女生—请坐）..60
第 16 单元（球—上课）..64
第 17 单元（上网—手机）..68
第 18 单元（书—天气）..72
第 19 单元（听—我）..76
第 20 单元（我们—想）..80
第 21 单元（小—学习）..84
第 22 单元（学校—用）..88
第 23 单元（有—怎么）..93
第 24 单元（站—中午）..97
第 25 单元（中学—做）...101
语法术语缩略形式一览表..105
一级词汇检索表..106

第 1 单元　Unit 1

◎ **目标词语**　Target words

1. 爱	2. 爱好	3. 八	4. 爸爸｜爸	5. 吧
6. 白	7. 白天	8. 百	9. 班	10. 半
11. 半年	12. 半天	13. 帮	14. 帮忙	15. 包
16. 包子	17. 杯	18. 杯子	19. 北	20. 北边

◎ **速记**　Quick memory

1　**爱**　ài　*v.*　love, like

我<u>爱</u>我的爸爸妈妈。
我们都<u>爱</u>学习中文。

2　**爱好**　àihào

（1）*v.*　like, be fond of
妈妈<u>爱好</u>唱歌。
（2）*n.*　hobby
你有什么<u>爱好</u>？
我的<u>爱好</u>是看书。

3　**八**　bā　*nu.*　eight

这个本子<u>八</u>块钱。
我弟弟今年<u>八</u>岁。

4　**爸爸｜爸**　bàba｜bà　*n.*　dad, father

他<u>爸爸</u>很忙。
我<u>爸</u>是医生。

5　**吧**　ba　*pt.*　used at the end of an imperative sentence to indicate a suggestion; turns a declarative sentence into an interrogative sentence to indicate that one is sure about his or her conjecture

我们一起走<u>吧</u>。
你是中国人<u>吧</u>？

6　**白**　bái　*adj.*　white

麦克的车是<u>白</u>的。
玛丽喜欢穿<u>白</u>衣服。

7　**白天**　báitiān　*n.*　day, daytime

明天<u>白天</u>没有雨。
王老师<u>白天</u>在学校上课。

8　百　bǎi　*nu.*　hundred

这本书一百二十块钱。
我们学校有八百多个学生。

9　班　bān

（1）*n.*　class
你在哪个班学习？
李老师是3班的老师。
（2）*m.*　a measure word for vehicles running regularly
汽车半个小时一班。
她坐下一班飞机去北京。

10　半　bàn　*nu.*　half

半个
还有半个小时就下课了。
我们7点半去看电影。

11　半年　bàn nián　half a year

他学了半年中文。
我来中国半年了。

12　半天　bàntiān　half a day; quite a while

我们上午上半天课，下午休息。
他在门口等了半天。

13　帮　bāng　*v.*　help

他帮麦克买了一杯茶。
你帮我看看这是什么东西。

14　帮忙　bāng//máng　help, give a hand, do somebody a favor

帮帮忙；帮个忙；帮他的忙
要帮忙吗？
明天玛丽搬家（bān//jiā, move），我去帮帮忙。

15　包　bāo

（1）*n.*　bag
书包；钱包；一个包
这是谁的包？
包里有一本书。
（2）*m.*　a measure word for packaged things
上午我去买了一包菜和一些鸡蛋。
（3）*v.*　parcel up, wrap
我要这几本书，请包一下儿。
今天晚上妈妈包包子，我要回家吃饭。

16　包子　bāozi　*n.*　steamed stuffed bun

我喜欢吃包子。

请问，有<u>包子</u>吗？

17　杯　　bēi　　*m.*　　*a measure word for cups*

一<u>杯</u>水；一<u>杯</u>茶
给我一<u>杯</u>茶，谢谢！
我想去买<u>杯</u>喝的，你要什么？

18　杯子　　bēizi　　*n.*　　cup

<u>杯子</u>里没有水了。
请帮我们拿两个<u>杯子</u>。

19　北　　běi　　*n.*　　north

<u>北</u>门；<u>北</u>楼
请问，学校<u>北</u>门怎么走？
从这里去<u>北</u>楼走路要10分钟（fēnzhōng，minute）。

20　北边　　běibian　　*n.*　　north (side)

学校的<u>北边</u>有一家医院。
我家在那个商店的<u>北边</u>。

◎ 速练　Quick practice

一、先根据词语写拼音，再将词语和正确的英文释义连起来
Write Pinyin according to the words, and then match the words with the correct English definitions.

1. 爱好 _____　　A. north (side)

2. 白天 _____　　B. half a year

3. 半年 _____　　C. class; *a measure word for vehicles running regularly*

4. 帮忙 _____　　D. cup

5. 杯子 _____　　E. steamed stuffed bun

6. 班 _____　　F. like, be fond of; hobby

7. 北边 _____　　G. help, give a hand, do somebody a favor

8. 包子 _____　　H. day, daytime

二、选择合适的词语填空　Choose the right words and fill in the blanks.

（一）　　A. 爱好　　B. 帮　　C. 半年　　D. 北边　　E. 吧

1. 你是学生 ____ ？

2. 谢谢你 ____ 我买早饭！

3. 我来中国 ____ 了。

4. 学校 ____ 有一个图书馆。

5. 你的 ____ 是什么？

(二)　　A. 爸爸　　B. 百　　C. 包子　　D. 杯　　E. 爱

1. 玛丽今天买书用了一 ____ 二十块。

2. 你吃不吃 ____ ？

3. 他的 ____ 是老师。

4. 天冷，她想喝 ____ 热茶。

5. 他是个 ____ 学习的学生。

(三)　　A. 班　　B. 白天　　C. 半　　D. 北　　E. 杯子

1. 你们 ____ 的中文老师是谁？

2. 他常常 ____ 睡觉，晚上工作。

3. 这是谁的 ____ ？

4. 妹妹喝了 ____ 杯牛奶。

5. 她家在 ____ 边。

(四)　　A. 白　　B. 八　　C. 帮忙　　D. 包　　E. 半天

1. 我明天 ____ 点半去上班。

2. 明天我有 ____ 课。

3. 那个穿 ____ 衣服的是你姐姐吗？

4. 快来 ____ ！

5. 这是你的书 ____ 吧？

三、选择合适的词语完成句子　　Choose the right words to complete the sentences.

1. 你有什么 ____ ？

    A. 爱　　　　B. 爱好

2. 能 ____ 我一个忙吗？

    A. 帮　　　　B. 帮忙

3. 我想喝一 ____ 热牛奶。

    A. 杯子　　　B. 杯

4. 我等你 ____ 了！你不是说马上就到吗？

    A. 半年　　　B. 半天

5. 北京在上海的 ____ 。

    A. 北边　　　B. 北

第 2 单元　Unit 2

◎ 目标词语　Target words

21. 北京	22. 本	23. 本子	24. 比	25. 别
26. 别的	27. 别人	28. 病	29. 病人	30. 不大
31. 不对	32. 不客气	33. 不用	34. 不	35. 菜
36. 茶	37. 差	38. 常	39. 常常	40. 唱

◎ 速记　Quick memory

21　**北京**　Běijīng　*n.*　Beijing

　　<u>北京</u>大不大？
　　我哥哥明年去<u>北京</u>学习。

22　**本**　běn　*m.*　*a measure word for books*

　　一<u>本</u>书
　　那<u>本</u>书是老师的。
　　昨天我买了两<u>本</u>书。

23　**本子**　běnzi　*n.*　notebook

　　这个<u>本子</u>多少钱？
　　请给我拿三个<u>本子</u>。

24　**比**　bǐ

　　（1）*prep.*　than
　　他<u>比</u>哥哥高。
　　这个杯子<u>比</u>那个大。
　　（2）*v.*　compare
　　你<u>比</u>一下儿，这两家饭店哪家人多。
　　我们<u>比比</u>谁先到家。

25　**别**　bié　*adv.*　don't

　　<u>别</u>说话，上课呢！
　　<u>别</u>走，一起吃饭吧。

26　**别的**　biéde　*pron.*　other

　　<u>别的</u>同学；<u>别的</u>东西
　　还要<u>别的</u>吗？
　　<u>别的</u>班现在都在上课呢。

27　**别人**　bié·rén　*pron.*　others

　　他常常帮<u>别人</u>。
　　<u>别人</u>都去看电影了，他还在学习。

28 病 bìng

(1) *n.* disease, illness
奶奶的病好点儿了。
(2) *v.* be sick
他病了，今天没来上课。

29 病人 bìngrén *n.* patient

今天医院里的病人很多。
他现在是病人，要多休息。

30 不大 bú dà not very

他不大爱说话。
他儿子还不大会走路。

31 不对 búduì *adj.* wrong

对不起，都是我不对。
这钱不对，不是150块，是105块。

32 不客气 bú kèqi You're welcome.

A：谢谢你！
B：不客气！

33 不用 búyòng *adv.* don't have to

明天星期天，不用去上班。
不用买牛奶，家里还有很多。

34 不 bù *adv.* not

不去；不好
我白天不看电视。
妈妈不喜欢吃面条儿。

35 菜 cài *n.* vegetable; dish

多吃菜，少吃肉。
你喜欢吃中国菜吗？

36 茶 chá *n.* tea

这个茶好喝。
请给我一杯茶。

37 差 chà

(1) *v.* be less than
现在还差一个人。
(2) *adj.* poor, not up to standard
他身体很差。
玛丽的汉字很好，麦克的汉字也不差。

| 38 | 常 | cháng | adv. | often |

麦克上课常忘带书。
晚上他常在图书馆学习。

| 39 | 常常 | chángcháng | adv. | often |

他常常去那个商场买东西。
麦克常常给爸爸妈妈打电话。

| 40 | 唱 | chàng | v. | sing |

你喜欢唱什么歌?
玛丽唱了一个中文歌。

◎ 速练　Quick practice

一、先根据词语写拼音，再将词语和正确的英文释义连起来
Write Pinyin according to the words, and then match the words with the correct English definitions.

1. 本子 _____　　A. vegetable; dish

2. 别人 _____　　B. often

3. 不对 _____　　C. You're welcome.

4. 菜 _____　　D. others

5. 病人 _____　　E. wrong

6. 常常 _____　　F. notebook

7. 差 _____　　G. patient

8. 不客气 _____　　H. be less than; poor, not up to standard

二、选择合适的词语填空　Choose the right words and fill in the blanks.

（一）　A. 北京　　B. 常　　C. 本子　　D. 不对　　E. 比

1. 他 ____ 弟弟高。

2. 玛丽，能给我一个 ____ 吗?

3. ____，这不是我的书包。

4. 她妈妈是 ____ 大学的老师。

5. 我星期天 ____ 和朋友一起打球。

（二）　A. 差　　B. 不客气　　C. 唱　　D. 病　　E. 别人

1. 这是 ____ 的书，不是我的。

2. A：麦克，谢谢你帮我的忙!
　　B：____ !

3. 我妈妈很喜欢 ____ 中文歌。

4. 今天妹妹 ____ 了,在家休息。

5. 那本书 50 块,我还 ____ 10 块。

(三)　　A. 本　　B. 别　　C. 不大　　D. 常常　　E. 茶

1. 那个地方很好玩儿,我们 ____ 去那儿玩儿。

2. 你喜欢喝什么 ____ ?

3. 我家里有 ____ 中文书。

4. 我们今晚 ____ 在家吃饭了,出去吃吧。

5. 星期六的课我 ____ 想去。

(四)　　A. 不用　　B. 病人　　C. 不　　D. 别的　　E. 菜

1. 麦克今天病了,____ 想吃东西。

2. 有很多 ____ 来这家医院看病。

3. 您还要 ____ 书吗?

4. 请问,这个 ____ 是怎么做的?

5. ____ 你说,我也知道他是谁。

三、选择合适的词语完成句子　Choose the right words to complete the sentences.

1. 上海 ____ 北京小。

　　A. 不大　　　B. 不比

2. 这件(jiàn, *a measure word for things, clothes, furniture, etc.*)事 ____ 同学还
　　不知道。

　　A. 别的　　　B. 别人

3. 你好,请给我一杯 ____ 。

　　A. 菜　　　　B. 茶

4. 老师,玛丽今天 ____ 了,不能来上课。

　　A. 病　　　　B. 病人

5. ____ 说话,孩子在睡觉呢。

　　A. 不　　　　B. 别

第 3 单元　Unit 3

◎ **目标词语　Target words**

41. 唱歌	42. 车	43. 车票	44. 车上	45. 车站
46. 吃	47. 吃饭	48. 出	49. 出来	50. 出去
51. 穿	52. 床	53. 次	54. 从	55. 错
56. 打	57. 打车	58. 打电话	59. 打开	60. 打球

◎ **速记　Quick memory**

41　唱歌　chàng//gē　sing a song

姐姐唱歌很好听。
我们请玛丽唱个歌吧。

42　车　chē　*n.*　vehicle

坐车；开车
车来了，我们上去吧。
请问，坐什么车可以到北京大学？

43　车票　chēpiào　*n.*　(train or bus) ticket

买车票
请问，去武汉的车票多少钱？
我买了车票，下午和妈妈一起回家。

44　车上　chē shang　in a car, on a bus, etc.

我的书包放在车上了。
现在是下班时间，车上人很多。

45　车站　chēzhàn　*n.*　stop, station

王明在车站等个朋友。
我们家门口就有个车站。

46　吃　chī　*v.*　eat

吃饭；吃水果
你想吃什么水果，我去买。
玛丽吃了午饭，在房间休息。

47　吃饭　chī//fàn　have a meal

明天李南要请同学吃饭。
吃了饭我们出去走走吧。

48　出　chū　*v.*　go/come out

出门；出国

工作今天早上出门了。
我们老师常常出国。

49 出来　chū//·lái　come out

王老师出来了！
小明，出来打球吧。

50 出去　chū//·qù　go out

我出去看一下儿是谁来了。
今天我很累，不想出去吃饭。

51 穿　chuān　*v.*　wear

穿衣服
他穿了一件白衣服。
她今天穿的衣服很好看。

52 床　chuáng　*n.*　bed

一张（zhāng，*a measure word for paper, desks, etc.*）床；床上
球在床下。
孩子们，上床睡觉吧。

53 次　cì　*m.*　time

我想去一次北京。
我们一起去看一次电影吧。

54 从　cóng　*prep.*　from

你从哪儿来？
从早上到现在都在下雨。

55 错　cuò

（1）*adj.*　wrong
这个字没错，是对的。
错了，是四十块，不是十四块。
（2）*n.*　mistake
A：这件事我也有错。
B：不，这不是你的错。

56 打　dǎ　*v.*　hit

打人
你在干什么？！不要打人！
爸爸，哥哥要打我！

57 打车　dǎ//chē　take a taxi

他们想打车去机场。
现在是下班时间，很难打车。

58 打电话　dǎ diànhuà　make a phone call

王明在打电话。

10

我出去打个电话。

59　**打开**　dǎ//kāi　open; turn on

打开门；打开电视
天气很热，小明打开了门。
打开看看包里是什么。

60　**打球**　dǎ qiú　play a ball game

小明，去不去打球？
下星期我们要去他们学校打球。

◎ 速练　Quick practice

一、先根据词语写拼音，再将词语和正确的英文释义连起来
Write Pinyin according to the words, and then match the words with the correct English definitions.

1. 车 _____　　　　A. wear

2. 穿 _____　　　　B. wrong; mistake

3. 打球 _____　　　C. vehicle

4. 打车 _____　　　D. open; turn on

5. 错 _____　　　　E. play a ball game

6. 打开 _____　　　F. time

7. 出去 _____　　　G. go out

8. 次 _____　　　　H. take a taxi

二、选择合适的词语填空　Choose the right words and fill in the blanks.

（一）　A. 错　　B. 出　　C. 次　　D. 打电话　　E. 车票

1. 去北京的 ____ 多少钱？

2. 这是她第一 ____ 来我家。

3. 他爸爸 ____ 国了，要在国外工作一年。

4. 上课的时候不能 ____。

5. 电脑上的时间是 ____ 的。

（二）　A. 吃　　B. 打　　C. 唱歌　　D. 车站　　E. 出来

1. 孩子没错，别 ____ 孩子。

2. 麦克，你 ____ 一下儿，我有事想问问你。

3. 麦克要请朋友 ____ 北京菜。

4. 我在 ____ 看见玛丽了。

5. 妈妈很喜欢 ____。

(三)　　A. 打球　　B. 出去　　C. 车　　D. 打开　　E. 从

1. 李明，这是你的 ____ 吗？

2. 麦克，下午去不去 ____ ？

3. ____ 我家到学校很近。

4. 不下雨了，我们 ____ 走走吧。

5. 老师 ____ 门，进来了一个新同学。

(四)　　A. 床　　B. 穿　　C. 车上　　D. 打车　　E. 吃饭

1. 今天爸爸很忙，晚上没有回家 ____。

2. 我的新家还没有买 ____。

3. 明天你 ____ 哪件衣服？

4. A：我们怎么去？

　　B：____ 去吧。

5. A：你的手机呢？

　　B：在我 ____。

三、选择合适的词语完成句子　Choose the right words to complete the sentences.

1. 请问，201 路 ____ 在哪儿？

　　A. 车站　　　　B. 车上

2. 这 ____ 回国我想去看看爷爷奶奶。

　　A. 从　　　　　B. 次

3. 他明年要 ____ 国学习。

　　A. 出　　　　　B. 出去

4. 那个 ____ 白衣服的人是谁？

　　A. 打　　　　　B. 穿

5. 这不是玛丽的 ____，她的在那边。

　　A. 错　　　　　B. 床

第4单元 Unit 4

◎ 目标词语 Target words

61. 大	62. 大学	63. 大学生	64. 到	65. 得到
66. 地（de, *pt.*）	67. 的	68. 等	69. 地（dì, *n.*）	70. 地点
71. 地方	72. 地上	73. 地图	74. 弟弟丨弟	75. 第
76. 点	77. 电	78. 电话	79. 电脑	80. 电视

◎ 速记 Quick memory

61 **大**　dà　*adj.*　big, great, large (opposite to "小")

很大；大雨
这个房间很大。
外边的雨大吗？

62 **大学**　dàxué　*n.*　university, college

北京大学；上大学
弟弟明年上大学。
王明是大学老师。

63 **大学生**　dàxuéshēng　*n.*　college student, university student

你是大学生吗？
他家有两个大学生。

64 **到**　dào　*v.*　arrive, get to

从我家到学校
爸爸说他晚上8点到家。
我们从星期一到星期五都上课。

65 **得到**　dé//dào　get, receive, gain, obtain

得到机会（jī·huì, chance）；得到同意（tóngyì, consent）
我得到了一个工作机会。
你来中国学习要得到爸爸妈妈的同意。

66 **地**　de　*pt.*　a structural particle used after an adverbial

他高兴地笑了。
爸爸生气地走了。

66 **的**　de　*pt.*　a structural particle placed between the attributive and the word the attributive modifies

你的电话是多少？
明天是麦克的生日。

13

68 等 děng *v.* wait

等人；等一等
请等一下儿！
他在门口等了很长时间。

69 地 dì *n.* land, ground

他买下了这块地。
这个国家地少人多。

70 地点 dìdiǎn *n.* site, place, venue

明天开会的地点在哪儿？
他说了见面的时间，没说地点。

71 地方 dìfang *n.* place, space, room

那个地方；什么地方
我们上课的地方很大。
这是我们第一次见面的地方。

72 地上 dìshang on the ground

别坐在地上！
地上有很多花。

73 地图 dìtú *n.* map

中国地图；北京地图
我手机里有北京地图。
地图上怎么没有这个地方？

74 弟弟｜弟 dìdi｜dì *n.* younger brother

小明比弟弟大5岁。
他和弟弟都是大学生。

75 第 dì *pref.* No.

第二；第几个
这是我第一次坐飞机。
小明是玛丽的第一个中国朋友。

76 点 diǎn

（1）*m.* a little, a bit; o'clock
我想喝点儿水。
3点了，他怎么还没来？
（2）*v.* specify among many people or things; check one by one
你先点菜，我一会儿就到。
我们上课前要点名。
（3）*n.* dot stroke (in Chinese characters); stain, spot
"太"比"大"多了一个点儿。
你衣服上有个黑（hēi, black）点儿。

77 **电** diàn *n.* electricity

还没来电吗?
我的手机没电了。

78 **电话** diànhuà *n.* phone, phone call

玛丽,你的电话!
麦克没在,你给他打电话吧。

79 **电脑** diànnǎo *n.* computer

麦克,我能用一下儿你的电脑吗?
王明昨天买了一台(tái, *a measure word for certain machineries, apparatuses, etc.*)新电脑。

80 **电视** diànshì *n.* television

看电视;买电视
小明的奶奶很喜欢看电视。
妈妈,我可以看一会儿电视吗?

◎ 速练　Quick practice

一、先根据词语写拼音,再将词语和正确的英文释义连起来
Write Pinyin according to the words, and then match the words with the correct English definitions.

1. 大学 _____　　　　A. No.

2. 地图 _____　　　　B. get, receive, gain, obtain

3. 第 _____　　　　　C. site, place, venue

4. 电脑 _____　　　　D. younger brother

5. 得到 _____　　　　E. wait

6. 等 _____　　　　　F. computer

7. 地点 _____　　　　G. university, college

8. 弟弟 _____　　　　H. map

二、选择合适的词语填空　Choose the right words and fill in the blanks.

(一)　A. 大　　B. 电视　　C. 地方　　D. 等　　E. 得到

1. 李明,下班你 ____ 我一下儿。

2. 我去的时候,他在看 ____ 呢。

3. 我 ____ 一个好消息(xiāoxi, news),你想不想知道?

4. 外边风 ____,多穿点儿衣服。

5. 上次吃饭的那个 ____ 很好,我们再去一次吧。

（二）　　A.大学生　　B.他　　C.地图　　D.电　　E.弟弟

1. 这是什么地方？快打开 ____ 看看。

2. 今天星期六，同学们都高高兴兴 ____ 出去玩儿了。

3. 昨天有几个 ____ 来找工作。

4. 玛丽有两个 ____ 和一个妹妹。

5. 怎么没 ____ 啊？电视也不能看！

（三）　　A.大学　　B.地　　C.电脑　　D.地点　　E.第

1. ____ 上的钱包是你的吗？

2. 今天是开学（kāi//xué, school begins） ____ 一天，我们早一点儿去学校吧。

3. 玛丽，晚上7点同学们要给我过生日， ____ 就在我的房间，你来不来？

4. 你打开 ____ 看看有没有新的 email。

5. 王老师的两个儿子都在上 ____ 。

（四）　　A.到　　B.点　　C.电话　　D.的　　E.地上

1. 昨天 ____ 电影好看吗？

2. 我上午9点 ____ 11点在家。

3. 我不知道王老师在不在家，你先打个 ____ 再去吧。

4. 我没在家，电脑你先放 ____ 吧。

5. 他 ____ 了三个菜。

三、选择合适的词语完成句子　Choose the right words to complete the sentences.

1. 我二 ____ 叫李明。

　A.第　　　B.弟

2. 你的手机还有 ____ 吗？

　A.点　　　B.电

3. 玛丽，下午没课，我们去什么 ____ 玩儿？

　A.地方　　B.地点

4. 我明年上 ____ 。

　A.大学生　B.大学

5. 先生，请在这里 ____ 一下儿。

　A.等　　　B.到

第5单元 Unit 5

◎ 目标词语 Target words

81. 电视机	82. 电影	83. 电影院	84. 东	85. 东边
86. 东西	87. 动	88. 动作	89. 都	90. 读
91. 读书	92. 对	93. 对不起	94. 多	95. 多少
96. 饿	97. 儿子	98. 二	99. 饭	100. 饭店

◎ 速记 Quick memory

81　电视机　diànshìjī　*n.*　television

　　一台电视机
　　我家没有电视机。
　　他买的电视机很贵。

82　电影　diànyǐng　*n.*　movie

　　电影票；电影院
　　这个电影很好看。
　　有没有晚上7点的电影票？

83　电影院　diànyǐngyuàn　*n.*　cinema

　　你常去电影院看电影吗？
　　今天星期六，电影院里人很多。

84　东　dōng　*n.*　east

　　东风；东边
　　北京东站到了。
　　你往东走100米就是车站。

85　东边　dōngbian　*n.*　east (side)

　　马路东边有个小商店。
　　中国银行（yínháng, bank）在图书馆的东边。

86　东西　dōngxi　*n.*　thing

　　这个东西是什么？
　　她在房间里找东西。

87　动　dòng　*v.*　move, act; use

　　医生，我的手不能动了。
　　小明，别动你爸的电脑！

88　动作　dòngzuò　*n.*　movement, action

　　他的动作很慢。

老师，您看我的动作对吗？

89 都 dōu *adv.* all, both

这些都是你的书吗？
水果和牛奶都没有了。

90 读 dú *v.* read

玛丽，这个句子怎么读？
麦克一边听歌，一边读课文。

91 读书 dú//shū read; study

我喜欢读书和看电影。
王老师，您家孩子在哪个大学读书？

92 对 duì *adj.* right, correct

好吧，你是对的，我错了。
老师，您看我这个字对不对？

93 对不起 duìbuqǐ *v.* sorry

对不起，你说什么？
这件事我很对不起他。

94 多 duō

（1）*adj.* many, much, more
妈妈买了很多水果。
他们班的学生比我们班多。
（2）*pron.* how
你儿子多大了？
从这儿到你家有多远？

95 多少 duōshao *pron.* how many, how much

这件衣服多少钱？
你们学校有多少学生？

96 饿 è

（1）*adj.* hungry
我还不饿，不想吃饭。
你饿吗？我这儿有面包。
（2）*v.* starve
我奶奶说，孩子不爱吃饭没关系，饿一天就好了。

97 儿子 érzi *n.* son

今天儿子第一天上学。
王老师的儿子今年多大了？

98 二 èr *nu.* two

我二姐在医院工作。
先生，找您二十块钱。

99 饭 fàn   *n.*   meal; cooked rice

吃饭；早饭；米饭
吃早饭了吗？
你吃饭还是面条儿？

100 饭店 fàndiàn   *n.*   restaurant

晚上我们去饭店吃吧。
这家饭店有什么好吃的菜？

◎ 速练 Quick practice

一、先根据词语写拼音，再将词语和正确的英文释义连起来
Write Pinyin according to the words, and then match the words with the correct English definitions.

1. 电视机 _____   A. son

2. 对不起 _____   B. read

3. 读 _____   C. restaurant

4. 儿子 _____   D. sorry

5. 饭店 _____   E. movement, action

6. 电影院 _____   F. how many, how much

7. 动作 _____   G. television

8. 多少 _____   H. cinema

二、选择合适的词语填空 Choose the right words and fill in the blanks.

（一） A. 电视机   B. 对   C. 儿子   D. 东西   E. 都

1. 家里有什么吃的 ____ 吗？

2. 明天有考试，同学们 ____ 还没睡觉。

3. 李老师的 ____ 学习很好。

4. 他家的 ____ 真大！

5. 麦克的回答是 ____ 的。

（二） A. 电影院   B. 饭店   C. 东边   D. 多   E. 二

1. 李明今年 ____ 十三岁。

2. 老师今天晚上请同学们去 ____ 吃饭。

3. 今天 ____ 有什么新电影吗？

4. 你的房间有 ____ 大？

5. 银行就在学校的____。

（三） A. 读书　　B. 东　　C. 多少　　D. 动　　E. 饿

1. 我说了____次了?！怎么还是错呢？

2. 别____，那是我要送给朋友的衣服。

3. 你____了没？我们出去吃饭吧。

4. 你别进去，你哥在____呢！

5. 那家商场在学校的____门还是西门？

（四） A. 电影　　B. 对不起　　C. 读　　D. 动作　　E. 饭

1. 请问，这个字怎么____？

2. 你的____不对，看我的。

3. 他今天太忙了，午____都没时间吃。

4. A：麦克，看见王老师了吗？

　　B：____，没看见。

5. ____是晚上8点的。

三、选择合适的词语完成句子　Choose the right words to complete the sentences.

1. 不要____别人的东西。

　　A. 动　　　B. 动作

2. 你喜欢____什么书？

　　A. 读　　　B. 读书

3. 妈妈，晚上我能看一会儿____吗？

　　A. 电视机　　B. 电视

4. 我家在学校的____。

　　A. 东　　　B. 东边

5. 孩子们____爱喝牛奶。

　　A. 多　　　B. 都

第 6 单元　Unit 6

◎ 目标词语　Target words

101. 房间	102. 房子	103. 放	104. 放假	105. 放学
106. 飞	107. 飞机	108. 非常	109. 分	110. 风
111. 干(gān, *adj.*)	112. 干净	113. 干 (gàn, *v.*)	114. 干什么	115. 高
116. 高兴	117. 告诉	118. 哥哥	哥	119. 歌	120. 个

◎ 速记　Quick memory

101　**房间**　fángjiān　*n.*　room

一个房间；小房间
这是谁的房间？
有没有大一点儿的房间？

102　**房子**　fángzi　*n.*　house

北京的房子很贵。
他家的房子很大，有5个房间。

103　**放**　fàng　*v.*　put

东西放这里可以吗？
A：妈妈，我的书包呢？
B：你放在车上了吧？

104　**放假**　fàng//jià　have a holiday

五月一号到三号学校放假。
还有一个星期，学校就放假了。

105　**放学**　fàng//xué　school is over

下午你们几点放学？
放学了，我们一起回家吧。

106　**飞**　fēi　*v.*　fly

人不会飞。
看，天上飞的是什么？

107　**飞机**　fēijī　*n.*　plane

坐飞机；飞机票
我下星期要坐飞机去北京。
请问，明天上午去北京的飞机票还有吗？

108　**非常**　fēicháng　*adv.*　very

非常大；非常忙

妹妹非常喜欢唱歌。
这家医院的人非常多。

109 **分** fēn

（1）*n.* point, score
小明，你昨天考试考了多少分？
（2）*m.* minute
我们明天早上八点零五分到学校。

110 **风** fēng *n.* wind

今天风很大，多穿点儿衣服。
我们这里八月常常有东南风。

111 **干** gān *adj.* dry

妈妈，我的衣服干了没有？
我口有点儿干，你有水吗？

112 **干净** gānjìng *adj.* clean

玛丽的房间很干净。
请给我一个干净的杯子。

113 **干** gàn *v.* do

他干什么都很认真。
明年我不想干这个工作了。

114 **干什么** gàn shénme what to do

麦克，你在干什么呢？
明天星期六，你想干什么？

115 **高** gāo *adj.* high, tall

高山；高楼
上海有很多高楼。
小明，半年不见，你又高了！

116 **高兴** gāoxìng *adj.* happy

很高兴；不高兴
爸爸今天不大高兴。
大家在高兴地唱歌呢！

117 **告诉** gàosu *v.* tell

谁告诉你他是中国人？
小明，告诉妈妈，我今晚不回家吃饭了。

118 **哥哥｜哥** gēge｜gē *n.* elder brother

你哥哥在哪儿读书？
我哥是大学生。

119 **歌** gē *n.* song

中文<u>歌</u>；听<u>歌</u>
她唱的<u>歌</u>很好听！
你喜欢唱中文<u>歌</u>吗？

120 **个** gè *m.* the most commonly used measure word

那<u>个</u>人是我哥哥。
你买了几<u>个</u>本子？

◎ 速练　Quick practice

一、先根据词语写拼音，再将词语和正确的英文释义连起来
Write Pinyin according to the words, and then match the words with the correct English definitions.

1. 房子 _____　　　　A. very

2. 飞 _____　　　　　B. point, score; minute

3. 放学 _____　　　　C. tell

4. 分 _____　　　　　D. clean

5. 干净 _____　　　　E. happy

6. 高兴 _____　　　　F. school is over

7. 告诉 _____　　　　G. house

8. 非常 _____　　　　H. fly

二、选择合适的词语填空　Choose the right words and fill in the blanks.

（一）　A. 房间　　B. 放学　　C. 飞　　D. 干　　E. 高兴

1. 不下雨了，地上也 ____ 了，我们出去打球吧。

2. 很 ____ 认识你！

3. 请问，还有 ____ 吗？

4. 明天他要 ____ 北京，不在家。

5. 我们学校下午6点 ____ 。

（二）　A. 房子　　B. 个　　C. 干净　　D. 告诉　　E. 高

1. 你昨天在外边是不是吃了不 ____ 的东西？

2. 玛丽有一 ____ 姐姐。

3. 这件事他不想 ____ 别人。

4.你和弟弟谁 ____！

5.爸爸想买个大一点儿的 ____。

(三)　　A.放　　　B.非常　　　C.哥哥　　　D.干　　　E.风

1.你有 ____ 吗？

2.手机请 ____ 在包里。

3.今天的 ____ 很大。

4.你看那个孩子在 ____ 什么？

5.车上的人 ____ 多。

(四)　　A.放假　　　B.干什么　　　C.歌　　　D.飞机　　　E.分

1.上次考试你考了多少 ____？

2.今天没有去上海的 ____。

3.他是 ____ 的？

4.这是什么 ____？真好听！

5.你们学校什么时候 ____？

三、选择合适的词语完成句子　Choose the right words to complete the sentences.

1.李明家的 ____ 就在学校旁边。

　A.房间　　　B.房子

2.请问，这些东西 ____ 什么地方？

　A.放　　　B.干

3.她今天买了三件新衣服，很 ____。

　A.干净　　　B.高兴

4.我们班有两 ____ 人考了 100 ____。

　A.分　　　B.个

5.学校 7 月和 8 月 ____。

　A.放学　　　B.放假

第7单元 Unit 7

◎ 目标词语 Target words

121. 给	122. 跟	123. 工人	124. 工作	125. 关
126. 关上	127. 贵	128. 国	129. 国家	130. 国外
131. 过	132. 还	133. 还是	134. 还有	135. 孩子
136. 汉语	137. 汉字	138. 好	139. 好吃	140. 好看

◎ 速记 Quick memory

121 给   gěi

（1）*v.*   give
妈妈给他30块钱吃午饭。
麦克，那本书你给玛丽了没有？

（2）*prep.*   (used after a verb to indicate the recipient of something that is handed over or delivered) for, to
姐姐送给我几本书。
爸爸给我买了几个新本子。

122 跟   gēn

（1）*prep.*   with
跟麦克比，玛丽的中文好一些。
我想跟你一起去医院看白老师。

（2）*conj.*   and
你跟玛丽都是我的好朋友。

（3）*v.*   follow
我在前边，你跟着我。

123 工人   gōngrén   *n.*   worker

你们那儿有多少工人？
我是学生，我哥哥是工人。

124 工作   gōngzuò

（1）*v.*   work
她哥哥在医院工作。
爸爸昨天晚上工作到11点。

（2）*n.*   work, job
李明正在找工作。
在我们家，爸爸的工作最忙。

125 关   guān   *v.*   close; turn off

你先走，我来关门。
11点了，关电视睡觉吧。

126 **关上** guānshàng close; turn off

风很大，关上门吧。
爸爸睡了，把电视关上吧。

127 **贵** guì *adj.* expensive

很贵；不贵
这家店的水果太贵了！
这里的房子又小又贵。

128 **国** guó *n.* country

哪国；中国
请问，你是哪国人？
这是一个大国。

129 **国家** guójiā *n.* country

你们国家很大吧？
有的国家没有这个东西。

130 **国外** guówài foreign, abroad

哥哥想去国外读书。
她妈妈在国外工作。

131 **过** guò *v.* cross, pass; spend (time)

过马路；过生日
你看，过了马路就是车站。
明天我们在家给儿子过生日，你早点儿回来。

132 **还** hái *adv.* also; still

请问，您还买别的吗？
小明不在家，他还在学校。

133 **还是** háishi

（1）*adv.* still; *indicating a relatively satisfactory choice after a comparison*
老师，我还是不会写这个字。
今天雨太大，我们还是明天再去吧。
（2）*conj.* or
你喝水还是喝茶？

134 **还有** hái yǒu still have

还有三个星期就放假了。
同学们还有什么要问的吗？

135 **孩子** háizi *n.* child

他家有两个孩子。
小孩子都喜欢吃这个菜。

| 136 | 汉语 | Hànyǔ | *n.* | Chinese (language) |

汉语不太难。
我在北京学汉语。

| 137 | 汉字 | Hànzì | *n.* | Chinese character |

日本学生觉得汉字不难。
他的妹妹会写200多个汉字。

| 138 | 好 | hǎo | *adj.* | good |

好人；好事
今天天气真好！
我和她是很好的朋友。

| 139 | 好吃 | hǎochī | *adj.* | delicious |

昨天的饭不好吃。
妈妈做的饭最好吃。

| 140 | 好看 | hǎokàn | *adj.* | good-looking; interesting |

玛丽今天的衣服很好看。
这本书不好看，别看了。

◎ 速练　Quick practice

一、先根据词语写拼音，再将词语和正确的英文释义连起来
Write Pinyin according to the words, and then match the words with the correct English definitions.

1. 汉语 ＿＿＿＿＿＿　　　　　A. with; and; follow

2. 孩子 ＿＿＿＿＿＿　　　　　B. expensive

3. 国外 ＿＿＿＿＿＿　　　　　C. child

4. 关上 ＿＿＿＿＿＿　　　　　D. good-looking; interesting

5. 贵 ＿＿＿＿＿＿　　　　　　E. foreign, abroad

6. 工人 ＿＿＿＿＿＿　　　　　F. close; turn off

7. 好看 ＿＿＿＿＿＿　　　　　G. Chinese (language)

8. 跟 ＿＿＿＿＿＿　　　　　　H. worker

二、选择合适的词语填空　Choose the right words and fill in the blanks.

（一）　　A. 给　　B. 关上　　C. 过　　D. 汉语　　E. 好看

1. 我们从哪儿 ＿＿ 马路呢？

2. 你会说 ＿＿ 吗？

3. 你看，工老师的 门没有 ____。

4. A：那个电影你看了没有？

　　B：看了，很 ____。

5. 老师，再 ____ 我点儿时间，可以吗？

（二）　　A.国家　　B.贵　　C.还　　D.汉字　　E.孩子

1. 晚上10点了，他 ____ 没回家。

2. 今天的菜比昨天 ____。

3. 这个 ____ 一年有6个月在下雨。

4. 你们家几个 ____？

5. 玛丽写的 ____ 很好看。

（三）　　A.工人　　B.国　　C.还是　　D.好　　E.关

1. 你走的时候，电脑 ____ 了没有？

2. 这个手机是你的 ____ 李明的？

3. 他经常和 ____ 们一起工作，一起吃饭。

4. 我有件 ____ 事要告诉你。

5. 你知道中国的"____球"是什么吗？

（四）　　A.工作　　B.跟　　C.国外　　D.还有　　E.好吃

1. 中午你 ____ 谁一起出去吃饭了？

2. 快回家，妈妈给你做了 ____ 的。

3. 你在哪儿 ____？

4. 他有很多 ____ 的朋友。

5. 我家里 ____ 一个弟弟。

三、选择合适的词语完成句子　Choose the right words to complete the sentences.

1. 他在 ____ 住了三年。

　　A.国家　　B.国外

2. 你是中国人 ____ 外国人？

　　A.还是　　B.还有

3. 你认识这个 ____ 吗？

　　A.汉语　　B.汉字

4. 你爸爸做什么 ____ ?

   A. 工人　　　B. 工作

5. 这件衣服又贵又不 ____ 。

   A. 好看　　　B. 好吃

第 8 单元　Unit 8

◎ 目标词语　Target words

141. 好听	142. 好玩儿	143. 号	144. 喝	145. 和
146. 很	147. 后	148. 后边	149. 后天	150. 花
151. 话	152. 坏	153. 还	154. 回	155. 回答
156. 回到	157. 回家	158. 回来	159. 回去	160. 会

◎ 速记　Quick memory

141　**好听**　hǎotīng　*adj.*　pleasant to hear

妈妈唱歌很好听。
你的手机里有什么好听的歌吗?

142　**好玩儿**　hǎowánr　*adj.*　interesting, fun

上海好玩儿吗?
这是什么东西? 真好玩儿!

143　**号**　hào

（1）*n.*　size
你们这儿有大号的本子吗?
这件衣服大了, 我要穿小号的。
（2）*m.*　indicating order, which is often used after numbers
他下个月9号去北京。
我是12号, 我前边有11个人。

144　**喝**　hē　*v.*　drink

喝茶; 喝水
我喜欢喝茶。
渴吗, 要不要喝杯水?

145　**和**　hé

（1）*prep.*　indicating relationship, comparison, etc.
你不要和孩子说这些。
他和我不一样, 他喜欢喝茶。
（2）*conj.*　and
玛丽和麦克都是美国人。
我们星期六上午和星期天下午要打球。

146　**很**　hěn　*adv.*　very

很好; 很想
他们家的菜很好吃。
现在是下班时间, 车上人很多。

147 后 hòu *n.* back; after

楼后有个商店。
下课后我们去喝杯咖啡（kāfēi, coffee）吧。

148 后边 hòubian *n.* back, rear

麦克坐在玛丽的后边。
我家后边有一个书店。

149 后天 hòutiān *n.* the day after tomorrow

我弟弟后天来上海看我。
后天我们去王老师家，你去不去？

150 花 huā *n.* flower

学校门口的花真好看。
明天是妈妈的生日，我想买花送给她。

151 话 huà *n.* word, talk

你有什么话要告诉他？
别说话，爸爸在睡觉呢。

152 坏 huài *adj.* bad, broken, rotten

坏人；坏事
我的手机坏了，我想再买一个。
上个星期买的牛奶都坏了，不能喝了。

153 还 huán *v.* return

还书；还钱
你准备什么时候还我电脑？
我想看一下儿这本书，明天就还你，可以吗？

154 回 huí *v.* return, go back

回家；回国
你什么时候回国？
我们一起坐车回学校吧。

155 回答 huídá

（1）*v.* answer
你先不要回答，想一会儿再说。
玛丽回答了老师的问题（wèntí, question）。
（2）*n.* answer
她的回答是对的。

156 回到 huídào *v.* go back to

他回到家说累了，很快就睡了。
回到中国后，他在银行工作了一年。

157 回家　huí jiā　go home

王明回家了，没在学校。
我现在还不想回家，我们去看电影吧。

158 回来　huí//·lái　come back

妈妈，爸爸回来了没有?
请问，王老师什么时候能回来?

159 回去　huí//·qù　go back

你先回去，我等等玛丽。
有什么事我们回去再说吧。

160 会　huì　v.　can, be able to; be likely to, be sure to

会中文
你会唱中文歌吗?
妈妈说今天不会下雨。

◎ 速练　Quick practice

一、先根据词语写拼音，再将词语和正确的英文释义连起来
Write Pinyin according to the words, and then match the words with the correct English definitions.

1. 好听 _____　　A. drink

2. 好玩儿 _____　　B. answer

3. 喝 _____　　C. flower

4. 后边 _____　　D. return

5. 回答 _____　　E. bad, broken, rotten

6. 花 _____　　F. interesting, fun

7. 坏 _____　　G. pleasant to hear

8. 还 _____　　H. back, rear

二、选择合适的词语填空　Choose the right words and fill in the blanks.

（一）　A. 好听　　B. 很　　C. 话　　D. 回到　　E. 和

1. 等我 ____ 学校，我们一起去找王老师。

2. 你觉得玛丽唱的歌 ____ 吗?

3. 家里还有什么吃的 ____ 喝的吗?我又累又渴。

4. 你今天的 ____ 怎么这么多?!

5. 今天爸爸 ____ 早就回来了。

(二)　　A.好玩儿　　B.后　　C.坏　　D.回家　　E.花

1. 他在电影里是一个 ____ 人。

2. 春天（chūntiān，spring）来了，____ 都开了。

3. 走吧，妈妈叫我们 ____ 吃饭。

4. 真 ____，下次我还要来。

5. 你走 ____ 没有人来。

(三)　　A.会　　B.后边　　C.还　　D.回来　　E.回答

1. 他家就在学校的 ____。

2. 老师没有马上 ____ 我，叫我再想想。

3. 王明，你 ____ 的时候帮我买点儿面包好吗？

4. 他 ____ 说一点儿中文。

5. 我要去图书馆 ____ 书，你去不去？

(四)　　A.喝　　B.后天　　C.回　　D.回去　　E.号

1. 先生，请问您买几 ____ 的飞机票？

2. 你现在 ____ 学校吗？我们一起走吧。

3. 妈妈，我今天不 ____ 吃饭了。

4. 我今天没时间，____ 行吗？

5. 病了就要多 ____ 水，多休息。

三、选择合适的词语完成句子　Choose the right words to complete the sentences.

1. 你几点 ____？我们等你一起吃饭。

　A.回来　　　B.回去

2. 我儿子觉得学校比家里 ____。

　A.好听　　　B.好玩儿

3. 老师也不知道怎么 ____ 这个问题。

　A.回答　　　B.回家

4. 这些书都是要 ____ 给王老师的。

　A.回　　　　B.还

5. 你看，书的 ____ 有几个字。

　A.后　　　　B.后边

第9单元　Unit 9

◎ 目标词语　Target words

161. 火车	162. 机场	163. 机票	164. 鸡蛋	165. 几
166. 记	167. 记得	168. 记住	169. 家	170. 家里
171. 家人	172. 间	173. 见	174. 见面	175. 教
176. 叫	177. 教学楼	178. 姐姐	姐	179. 介绍	180. 今年

◎ 速记　Quick memory

161　火车　huǒchē　n.　train

坐火车；火车站；火车票
你怎么去北京？坐火车吗？
请问，还有今天去北京的火车票吗？

162　机场　jīchǎng　n.　airport

下午爸爸要去机场送个朋友。
这儿到机场开车要一个半小时。

163　机票　jīpiào　n.　air ticket

请问，去上海的机票多少钱？
上午去广州的机票没有了，有晚上的。

164　鸡蛋　jīdàn　n.　egg

玛丽不喜欢吃鸡蛋。
我要去楼下商店买点儿鸡蛋。

165　几　jǐ

（1）*nu.*　several (usually between 2 and 9)
桌子上有几本书，是你的吗？
还有十几分钟，我们去买点儿喝的吧。
（2）*pron.*　how many
几个；几次；星期几
你弟弟几岁了？
你今天几点回家？

166　记　jì　v.　remember; write down

这是他的电话，你记一下儿。
他在本子上记了几个字。

167　记得　jìde　v.　remember

你还记得你小学老师的名字吗？
我不记得他是哪个班的学生了。

34

168 **记住** jìzhù memorize, remember

记住你今天说的话!
记住了吗? 要不要我再说一次?

169 **家** jiā

(1) *n.* home
你家在哪儿? 我送你回去。
小明没在家, 你给他打手机吧。
(2) *m.* *a measure word for families or enterprises*
看, 那儿有一家商店。
我们学校旁边有一家很大的医院。

170 **家里** jiā li at home

家里没有鸡蛋了, 记得买一些。
王老师家里没人, 可能还在学校上课。

171 **家人** jiārén *n.* family

他在上海没有家人, 也没有朋友。
玛丽, 你是和家人一起来中国的吗?

172 **间** jiān *m.* *a measure word for rooms*

这是我家, 我和弟弟住里边那间房。
你家有几间卧室(wòshì, bedroom)?

173 **见** jiàn *v.* see

我走了, 明天见!
玛丽下午要去见一个朋友。

174 **见面** jiàn//miàn meet

你跟他在哪儿见面?
我马上就到了, 我们见面再说。

175 **教** jiāo *v.* teach

谁教你们中文?
李明常常教弟弟打球。

176 **叫** jiào *v.* call; ask

我叫麦克, 我是美国人。
妈妈叫我去买点儿水果。

177 **教学楼** jiàoxuélóu *n.* teaching building

请问, 3号教学楼怎么走?
放假了, 教学楼里一个学生都没有。

178 **姐姐 | 姐** jiějie | jiě *n.* elder sister

你姐姐在哪儿工作?
张文是他大姐, 他还有一个妹妹。

179 **介绍** jièshào v. introduce

王老师给我们介绍了几本书。
我来介绍一下儿，这是张小姐，这是李先生。

180 **今年** jīnnián n. this year

你女儿今年多大了？
今年8月我要回国了。

◎ 速练　Quick practice

一、先根据词语写拼音，再将词语和正确的英文释义连起来
Write Pinyin according to the words, and then match the words with the correct English definitions.

1. 火车 _____　　　　　A. this year

2. 机场 _____　　　　　B. teach

3. 介绍 _____　　　　　C. air ticket

4. 记得 _____　　　　　D. meet

5. 教 _____　　　　　　E. introduce

6. 机票 _____　　　　　F. remember

7. 今年 _____　　　　　G. train

8. 见面 _____　　　　　H. airport

二、选择合适的词语填空　Choose the right words and fill in the blanks.

（一）　A. 火车　　B. 机场　　C. 家人　　D. 叫　　E. 几

1. 这个病人的 ____ 来了没有？

2. 麦克，你 ____ 玛丽进来一下儿。

3. 王老师，我有 ____ 个问题想问问您，可以吗？

4. 你坐 ____ 还是坐飞机去？

5. 请问，这里有车到 ____ 吗？

（二）　A. 记　　B. 记得　　C. 间　　D. 教学楼　　E. 家里

1. 李明，你的办公室（bàngōngshì, office）是哪 ____ ？

2. 星期五我们班在2号 ____ 上课。

3. 你 ____ 第一次吃中国菜是什么时候吗？

4. 你在 ____ 做饭，我出去买点儿喝的回来。

5. 她的生日我 ____ 在手机里了。

(三)   A. 机票   B. 记住   C. 见   D. 姐姐   E. 教

1. 老师，我妈妈来了，她想 ____ 一下儿您，不知道您有没有时间。

2. 我在 ____ 我朋友说中文。

3. 玛丽，你什么时候回国？____ 买了吗？

4. 他 ____ 在上海工作。

5. ____，这个字读"jīng"，不读"jīn"。

(四)   A. 鸡蛋   B. 家   C. 见面   D. 介绍   E. 今年

1. 你们学校 ____ 有多少新来的学生？

2. 请问，李明在 ____ 吗？

3. 你能给我们 ____ 一下儿你的学校吗？

4. 早饭在桌子上，有面包和牛奶，还有一个 ____。

5. 我和他很长时间没有 ____ 了。

三、选择合适的词语完成句子 Choose the right words to complete the sentences.

1. ____ 回来的时候买点儿水果。

   A. 记   B. 记得

2. 你能 ____ 我写汉字吗？

   A. 叫   B. 教

3. 我没 ____ 他的电话。

   A. 记住   B. 介绍

4. 你要去 ____ 谁？

   A. 见   B. 见面

5. 我生病了，请假在 ____ 休息了一天。

   A. 家人   B. 家里

第10单元　Unit 10

◎ 目标词语　Target words

181. 今天	182. 进	183. 进来	184. 进去	185. 九
186. 就	187. 觉得	188. 开	189. 开车	190. 开会
191. 开玩笑	192. 看	193. 看病	194. 看到	195. 看见
196. 考	197. 考试	198. 渴	199. 课	200. 课本

◎ 速记　Quick memory

181 今天　jīntiān　*n.*　today

今天是星期几？
今天我们出去吃晚饭吧。

182 进　jìn　*v.*　enter

请进，门没关。
大卫昨天生病进医院了。

183 进来　jìn//·lái　come in

上课了，同学们快进来吧。
外边冷，进来喝杯热茶吧。

184 进去　jìn//·qù　go in

你别进去了，孩子在睡觉呢。
你进去看看，儿子在不在房间里。

185 九　jiǔ　*nu.*　nine

十九；九百
银行早上九点上班。
玛丽下个月九号要来北京看我。

186 就　jiù　*adv.*　soon; exactly

你们先走，我一会儿就来。
你看那儿有个车站，车站后边就是银行。

187 觉得　juéde　*v.*　think; feel

你觉得中文难吗？
我觉得有点儿冷。

188 开　kāi　*v.*　open; turn on; drive; found; hold

开门；开灯；开飞机；开饭店；开会
妈妈，开门，我回来了！

他上班的第一件事就是开电脑。

189 开车　　kāi//chē　　drive

你会开车吗？
张文开车上班。

190 开会　　kāi//huì　　have a meeting

下午开会，我要去准备一下儿。
你们在开什么会？

191 开玩笑　　kāi wánxiào　　make fun of, crack a joke

你在开玩笑吗？
他不喜欢别人跟他开玩笑。

192 看　　kàn　　*v.*　　read, look, watch; visit

看书；看电视；看病人
看，那是什么？
王老师病了，同学们想去医院看他。

193 看病　　kàn//bìng　　see a doctor

现在网上也可以看病。
下午我想请个假，带（dài, take）孩子去看病。

194 看到　　kàndào　　see, catch sight of

你在他包里看到什么了？
在书店，我看到王老师的女儿了。

195 看见　　kàn//jiàn　　see, catch sight of

他很生气，看见我也不跟我说话。
玛丽下午来上课了？我怎么没看见她？

196 考　　kǎo　　*v.*　　take an examination, a test or a quiz

你想考什么大学？
老师，请问我考了多少分？

197 考试　　kǎo//shì　　have/take an examination

别说话，他们在考试呢。
你怎么还不去学校考试？

198 渴　　kě　　*adj.*　　thirsty

渴吗？我这儿有水。
我喝了一大杯水，不渴。

199 课　　kè　　*n.*　　lesson; class

同学们，我们今天来学习第八课。
明天上午我们班没有课。

200 课本 kèběn n. textbook

玛丽今天上课忘拿课本了。
我等一会儿去买课本，你去吗？

◎ 速练　Quick practice

一、先根据词语写拼音，再将词语和正确的英文释义连起来
Write Pinyin according to the words, and then match the words with the correct English definitions.

1. 今天 _____　　　　A. go in

2. 开会 _____　　　　B. read, look, watch; visit

3. 进去 _____　　　　C. have/take an examination

4. 进来 _____　　　　D. see, catch sight of

5. 看 _____　　　　　E. make fun of, crack a joke

6. 看见 _____　　　　F. have a meeting

7. 考试 _____　　　　G. today

8. 开玩笑 _____　　　H. come in

二、选择合适的词语填空　Choose the right words and fill in the blanks.

（一）　A. 进　　B. 九　　C. 开车　　D. 看病　　E. 课本

1. ____ 不能喝酒（jiǔ，liquor）。

2. 你想去哪家医院 ____？

3. 我爷爷 ____ 十多岁了。

4. 玛丽 ____ 门一看，妹妹正在听歌。

5. 新 ____ 你买了没有？

（二）　A. 今天　　B. 就　　C. 开会　　D. 看到　　E. 课

1. 王一去上海 ____ 了，下星期回来。

2. 玛丽 ____ 是那个坐在麦克前边的女同学。

3. ____ 几号？

4. 这本书有20____，我们学了一半了。

5. 你先看，____ 不明白的地方就问老师。

(三)　　A.进来　　B.看　　C.开玩笑　　D.看见　　E.考试

1. 王老师常常跟大家____。

2. 昨天的____很难，我错了很多。

3. 我在回来的路上____李明了。

4. ____吧，门没关。

5. 你____，站在门口的是麦克的妈妈吗？

(四)　　A.进去　　B.开　　C.觉得　　D.考　　E.渴

1. 他家里是____饭店的。

2. 他走了很远的路，很累，也很____。

3. 别____，里边在开会呢！

4. 你____这件好看还是那件好看？

5. 你知道他____了多少分吗？

三、选择合适的词语完成句子　Choose the right words to complete the sentences.

1. 明天我们去电影院____电影吧。

　A.看　　　　B.看见

2. 这次____真难！

　A.考　　　　B.考试

3. 上课了，大家都____吧！

　A.进去　　　B.进

4. 你在跟我____吗？50块太少了！

　A.开玩笑　　B.不客气

5. 你____这家饭店的菜怎么样？

　A.记得　　　B.觉得

第 11 单元   Unit 11

◎ 目标词语   Target words

201. 课文	202. 口	203. 块	204. 快	205. 来
206. 来到	207. 老	208. 老人	209. 老师	210. 了
211. 累	212. 冷	213. 里	214. 里边	215. 两
216. 零丨○	217. 六	218. 楼	219. 楼上	220. 楼下

◎ 速记   Quick memory

201 **课文**   kèwén   *n.*   text

读课文；学习课文
第6课的课文有点儿难。
玛丽，请你读一下儿课文。

202 **口**   kǒu

（1）*m.*   a measure word for family members, or the motion related to mouth, etc.
四口人；吃一口
我家有五口人，爸爸、妈妈、哥哥、妹妹和我。
时间还早，喝口茶再走吧。
（2）*n.*   mouth
我早上起床后常常觉得口干。
学语言要多说，不开口（kāi//kǒu, open one's mouth）是不行的。

203 **块**   kuài

（1）*n.*   piece, lump
这个肉块太大了，我不吃。
（2）*m.*   a measure word for something cubical or flat in shape, or used as a unit of money
一块蛋糕（dàngāo, cake）；一块手表（shǒubiǎo, wrist watch）；一块钱
我下午在玛丽那儿吃了一块蛋糕。
这本书45块。

204 **快**   kuài

（1）*adj.*   fast, quick
很快；快车
坐车比走路快。
玛丽写字很快。
（2）*adv.*   quickly; soon
快走吧，同学们都在等你呢!
看，快下雨了。

205 **来**   lái   *v.*   come

玛丽，下课后你来一下儿办公室。

李明说晚上来教我打球。

206 来到 láidào *v.* arrive, come to

去年9月，我来到了中国。
麦克，来到新学校，你认识新朋友了吗？

207 老 lǎo *adj.* old; former, original

老奶奶；老地方
爷爷老了，很多事都不记得了。
明天下午2点，我们老地方见。

208 老人 lǎorén *n.* old man or woman; one's aged parents or grandparents

李明，门口有个老人找你。
他们家老人病了，他这几天都在医院里。

209 老师 lǎoshī *n.* teacher

一个老师；中文老师
他是3班的老师。
你看见王老师了吗？

210 了 le *pt.* an aspect particle used after a verb to indicate completion; a modal particle placed at the end of a sentence to express an affirmative tone of a change in a situation

他喝了一杯茶。
麦克去图书馆了。

211 累 lèi *adj.* tired

爸爸，你累不累？我给你拿杯水吧。
王老师说他今天有点儿累，先回去了。

212 冷 lěng *adj.* cold

今天真冷！
我今天穿少了，有点儿冷。

213 里 lǐ *n.* in, inside

房间里；包里
饿吗？我包里有吃的。
那本书里有很多错字。

214 里边 lǐbian *n.* in, inside

他的房间里边没有人。
他不喜欢在咖啡里边放牛奶。

215 两 liǎng *nu.* two

昨天我们班来了两个新同学。
请再等我两分钟，我马上就到了。

216 零 líng　líng　nu.　zero

这本书的名字叫《一千（qiān, thousand）零一夜（yè, night）》。
今年是二〇二二年。

217 六　liù　nu.　six

他儿子今年六岁了。
这次考试，六班比我们班好。

218 楼　lóu　n.　building; floor of a building

张小雨家就住前面那个楼。
王老师家在二楼。

219 楼上　lóu shàng　upstairs

我家楼上没人住。
先生，不是这个房间，您的房间在楼上。

220 楼下　lóu xià　downstairs

我去楼下买点儿吃的。
我家楼下有个小商店。

◎ 速练　Quick practice

一、先根据词语写拼音，再将词语和正确的英文释义连起来
Write Pinyin according to the words, and then match the words with the correct English definitions.

1. 课文 _____　　A. in, inside

2. 零 _____　　B. tired

3. 楼上 _____　　C. upstairs

4. 块 _____　　D. cold

5. 老人 _____　　E. zero

6. 累 _____　　F. piece, lump; *a measure word for something cubical or flat in shape, or used as a unit of money*

7. 里边 _____

8. 冷 _____　　G. text

H. old man or woman; one's aged parents or grandparents

二、选择合适的词语填空　Choose the right words and fill in the blanks.

（一）　A. 课文　　B. 来到　　C. 累　　D. 零　　E. 楼下

1. 麦克，____ 有个人找你，他说他是你的同学。

2. 张小雨 ____ 北京，去看了妈妈说的那个地方。

3. 别忙了，____ 了就睡一会儿。

4. 明天学第 11 课，晚上我要读一下儿 ____。

5. 我们学校有一千 ____ 六十二名学生。

（二） A. 口　　B. 老　　C. 冷　　D. 六　　E. 了

1. 我和他是十几年的 ____ 朋友了。

2. 早上我喝了几 ____ 牛奶就出门了。

3. 我爸爸今年 ____ 十五岁了。

4. 外边 ____，我们进去等吧。

5. 新书都给学生 ____。

（三） A. 块　　B. 老人　　C. 里　　D. 楼　　E. 两

1. 那里有很多 ____ 和孩子。

2. 你认识那 ____ 个人吗？

3. 前边那个大 ____ 就是医院。

4. 他房间 ____ 有一台小电视机。

5. 这 ____ 手表是谁的？

（四） A. 快　　B. 老师　　C. 里边　　D. 楼上　　E. 来

1. A：请问，这是王老师家吗？

　　B：不是，王老师住 ____。

2. 他是我弟弟的 ____。

3. 玛丽三天没 ____ 上课了，是不是病了？

4. 王一，你 ____ 去买点儿面包回来。

5. 同学，请问这个楼 ____ 有洗手间吗？

三、选择合适的词语完成句子　Choose the right words to complete the sentences.

1. 玛丽，你快下来吧，我们在 ____ 等你。

　　A. 楼上　　　B. 楼下

2. 玛丽写汉字没有我 ____。

　　A. 块　　　　B. 快

3. 夏天,你快____看看,我的电脑是不是坏了?

    A. 来   B. 来到

4. 我有三____弟弟。

    A. 个   B. 口

5. 门口有个____先生,说要找他的女儿。

    A. 老   B. 老人

第12单元　Unit 12

◎ 目标词语　Target words

221. 路	222. 路口	223. 路上	224. 妈妈│妈	225. 马路
226. 马上	227. 吗	228. 买	229. 慢	230. 忙
231. 毛	232. 没	233. 没关系	234. 没什么	235. 没事儿
236. 没有	237. 妹妹│妹	238. 门	239. 门口	240. 门票

◎ 速记　Quick memory

221　路　lù

（1）*n.*　road, way; distance; line, route
回去吧，前边没有路了。
路很近，10分钟就能到。
我坐102路车去上班。
（2）*m.*　row; type, category
大家买票请排（pái, line up）两路。
我们不是一路人，还是分手（fēn//shǒu, break up）吧。

222　路口　lùkǒu　*n.*　crossing, intersection

我去路口等一下儿朋友们。
路口有个商店，你去买点儿喝的。

223　路上　lùshang　*n.*　on the way, on the road

现在是下班时间，路上车多人也多。
今天我没时间做早饭了，你路上买点儿包子吃吧。

224　妈妈│妈　māma│mā　*n.*　mother, mom

你妈妈是上海人吗？
我妈不喜欢喝茶。

225　马路　mǎlù　*n.*　road, street

过马路
玛丽，马路边的那个人是王老师吗？
你下车别过马路，就在车站那里等我。

226　马上　mǎshàng　*adv.*　immediately, right now

我们回去吧，马上下雨了。
你马上去机场，还有半小时爸爸的飞机就到了。

227　吗　ma　*pt.*　*used at the end of a sentence to turn a declarative sentence into a yes-or-no interrogative sentence*

你吃饭了吗？

47

麦克是你同学吗?

| 228 | 买 | mǎi | v. | buy |

我买了几个包子,一起吃吧。
玛丽生病了,我去给她买点儿吃的。

| 229 | 慢 | màn | adj. | slow |

你的手表是不是慢了,现在十点零五了。
我先走了,你们慢慢吃。

| 230 | 忙 | máng | adj. | busy |

王老师今天有点儿忙。
别忙了,我不渴,坐一会儿就走。

| 231 | 毛 | máo | m. | unit of money, equal to a tenth of a yuan |

一块五毛;两毛钱
我的包里只有两毛钱了。
先生,这本书要七十三块八毛。

| 232 | 没 | méi | | |

(1) *adv.*　　not
他没回来。
今天爸爸没去上班。
(2) *v.*　　not have
我没时间了,你能帮我买吗?

| 233 | 没关系 | méi guānxi | It doesn't matter. / That's all right. |

没关系,这不是你的错。
A:对不起!
B:没关系。

| 234 | 没什么 | méi shénme | Never mind. |

A:谢谢你帮忙!
B:没什么,不用谢。

| 235 | 没事儿 | méi//shìr | That's all right. |

A:累吗?休息一下儿再走吧。
B:没事儿,我不累。

| 236 | 没有 | méi·yǒu | | |

(1) *v.*　　not have
我没有时间了,你能帮我买吗?
(2) *adv.*　　not
你看见李明没有?
今天爸爸没有去上班。

237 妹妹 | 妹   mèimei | mèi   n.   younger sister

别说话，妹妹在睡觉呢。
他二妹在北京工作。

238 门   mén

（1）n.   door
校门；北门
这是我们学校的北门。
我去的时候，医院的门还没开。
（2）m.   a measure word for homework, technology, etc.
三门课；一门外语
你们有几门课？

239 门口   ménkǒu   n.   doorway

麦克，门口有人找你。
我看见王老师在学校门口等人。

240 门票   ménpiào   n.   ticket

门票15块。
你在这儿等一下儿，我去那边买门票。

◎ 速练 Quick practice

一、先根据词语写拼音，再将词语和正确的英文释义连起来
Write Pinyin according to the words, and then match the words with the correct English definitions.

1. 路 _____   A. immediately, right now

2. 马上 _____   B. slow

3. 妹妹 _____   C. busy

4. 慢 _____   D. It doesn't matter. / That's all right.

5. 门口 _____   E. younger sister

6. 路口 _____   F. doorway

7. 忙 _____   G. road, way; distance; line, route; row; type, category

8. 没关系 _____ H. crossing, intersection

二、选择合适的词语填空 Choose the right words and fill in the blanks.

（一）   A. 路   B. 马上   C. 毛   D. 没有   E. 马路

1. 玛丽，王老师请你 ____ 去找他。

2. 别叫小孩子一个人过 ____。

3. 走这条____可以到城东。

4. 今天太忙了，很多人____时间吃午饭。

5. 麦克，有五____钱吗？我买个本子。

（二） A.路口　　B.没事儿　　C.没　　D.妹妹　　E.门票

1. A：王明，昨天你没来，是不是病了？

   B：____，就是有点儿感冒（gǎnmào, catch a cold），已经好了。

2. 玛丽的____也来北京了。

3. 请问，____多少钱一张？

4. ____有家饭店，他家的菜很好吃。

5. 我____看见李明，不知道他去哪儿了。

（三） A.路上　　B.慢　　C.没关系　　D.门　　E.吗

1. 昨天玛丽来上课了____？

2. 你去看一下儿____关了没有。

3. 爸爸，你走____一点儿，等等我！

4. ____，这次考试不行还有下次。

5. 儿子，你回来的____记得帮我买点儿水果。

（四） A.妈妈　　B.买　　C.没什么　　D.门口　　E.忙

1. 王明____了一台新电脑。

2. ____那个男的是来找你的吗？

3. 李老师，您____吗？我有个问题想问问您。

4. A：昨天的事谢谢你了！

   B：____，都是朋友。

5. 小明，____去哪儿了？怎么没做晚饭？

三、选择合适的词语完成句子　Choose the right words to complete the sentences.

1. 我弟弟正在来的____，我们再等他一会儿。

    A.路口　　　B.路上

2. 你看看，我们走哪条____能近一点儿。

    A.马路　　　B.路

3. A：小明，昨天你怎么没跟我们一起去吃饭？
   B：我昨天 ____，下次一起去。
   A. 有事　　　B. 有时间

4. 小妹打电话说她 ____ 到机场，我们快走吧。
   A. 马上　　　B. 路上

5. 你好，我要两张去上海的 ____。
   A. 门票　　　B. 机票

第 13 单元　Unit 13

◎ 目标词语　Target words

241. 们	242. 米饭	243. 面包	244. 面条儿	245. 名字
246. 明白	247. 明年	248. 明天	249. 拿	250. 哪
251. 哪里	252. 哪儿	253. 哪些	254. 那	255. 那边
256. 那里	257. 那儿	258. 那些	259. 奶	260. 奶奶

◎ 速记　Quick memory

241　们　　men　　*suf.*　　used to form a plural number when added to a personal pronoun or a noun referring to a person

你们；我们；朋友们；孩子们
他们都是北京大学的学生。
同学们都在上课呢。

242　米饭　　mǐfàn　　*n.*　　cooked rice

一碗（wǎn, bowl）米饭
请给我们两碗米饭。
你喜欢吃米饭还是面条儿？

243　面包　　miànbāo　　*n.*　　bread

玛丽会做面包。
对不起，妈妈，我忘买面包了。

244　面条儿　　miàntiáor　　*n.*　　noodles

晚上吃面条儿，好吗？
我妈妈做的面条儿很好吃。

245　名字　　míngzi　　*n.*　　name

你叫什么名字？
这个本子上没写名字。

246　明白　　míngbai

（1）*adj.*　　clear
我跟他说得（de, *used after a verb or adjective to introduce a complement*）很明白，我不去！
爸爸电话里说得很明白，他明年6月回来。
（2）*v.*　　understand, know
啊，我明白了，谢谢您！
我说了半天，麦克还是不明白。

| 247 | 明年 | míngnián | *n.* | next year |

我妹妹明年上大学。
我准备明年去上海工作。

| 248 | 明天 | míngtiān | *n.* | tomorrow |

好的，我们明天学校见。
我明天要去商店买东西，你去不去？

| 249 | 拿 | ná | *v.* | take, get |

他想回房间拿一件衣服。
奶奶，这么多东西，我帮您拿吧。

| 250 | 哪 | nǎ | *pron.* | which |

哪个；哪天
哪个房间是你的？
你哪天来？

| 251 | 哪里 | nǎ·lǐ | *pron.* | where |

你在哪里上学？
请问，洗手间在哪里？

| 252 | 哪儿 | nǎr | *pron.* | where |

你在哪儿上学？
请问，洗手间在哪儿？

| 253 | 哪些 | nǎxiē | *pron.* | which |

王老师，请问我们要买哪些书？
玛丽，你们班哪些同学会唱中文歌？

| 254 | 那 | nà | *pron.* | that |

那个；那次
你问的那个杯子10块钱。
你记得那次我们一起去王老师家吗？

| 255 | 那边 | nàbiān | *pron.* | over there |

我去那边问问。
这本书我们这里没有，你叫北京那边的朋友帮你买吧。

| 256 | 那里 | nà·lǐ | *pron.* | there, that place |

那里有很多人。
麦克的车在那里。

| 257 | 那儿 | nàr | *pron.* | there, that place |

那儿有很多人。
麦克的车在那儿。

258 **那些** nàxiē pron. those

那些东西都是麦克的。
你看见门口那些人没有？他们是干什么的？

259 **奶** nǎi n. milk

牛奶；奶茶（nǎichá，tea with milk）
早上我喝了一杯牛奶，吃了一个面包。
我要一杯奶茶，谢谢！

260 **奶奶** nǎinai n. grandma; old woman

麦克的奶奶70岁了。
你认识那个老奶奶吗？

◎ 速练 Quick practice

一、先根据词语写拼音，再将词语和正确的英文释义连起来
Write Pinyin according to the words, and then match the words with the correct English definitions.

1. 米饭 _____ A. which
2. 名字 _____ B. take, get
3. 明白 _____ C. name
4. 哪 _____ D. milk
5. 拿 _____ E. where
6. 奶 _____ F. noodles
7. 哪儿 _____ G. cooked rice
8. 面条儿 _____ H. clear; understand, know

二、选择合适的词语填空 Choose the right words and fill in the blanks.

（一） A.们 B.明白 C.哪里 D.哪 E.名字

1. 他说的话我不太 ____。
2. ____ 本书是你的？
3. 请问，7号楼在 ____？
4. 你有中文 ____ 吗？
5. 孩子 ____，下雨了，快进来吧！

（二） A.米饭 B.明年 C.哪儿 D.哪些 E.那里

1. 麦克，你来看看，____ 是你的书。

2. 前面有个商店，____ 有鸡蛋。

3. 明天星期六，我们去 ____ 玩儿？

4. 对不起，____ 没有了，有包子。

5. A：你儿子什么时候回来？

　　B：____ 6月。

（三）　　A.面包　　　B.明天　　　C.那　　　D.那儿　　　E.奶奶

1. 李明，你 ____ 有王老师家的电话吗？

2. 我等会儿去商店买点儿 ____，你要吗？

3. 他喝的 ____ 杯是茶。

4. ____，我晚上不回来吃饭，您别等我。

5. 妈妈，____ 谁送我去学校？

（四）　　A.面条儿　　　B.拿　　　C.那边　　　D.那些　　　E.奶

1. ____ 桌子上有个杯子，是你的吗？

2. 麦克，老师叫你去 ____ 本子。

3. 我饿了，给我做一碗 ____ 吧。

4. 他儿子才（cái, only）半岁，还在喝 ____ 呢。

5. ____ 中文书是谁的？

三、选择合适的词语完成句子　Choose the right words to complete the sentences.

1. 你在 ____ 个班学中文？

　　A. 哪里　　　B. 哪

2. 他们在 ____！

　　A. 那儿　　　B. 那

3. 东西都在我这里，你一会儿来 ____ 吧。

　　A. 拿　　　B. 放

4. 晚饭他只吃了一个 ____，现在有点儿饿。

　　A. 面包　　　B. 面条儿

5. 这家饭店的菜又 ____ 又好吃。

　　A. 明白　　　B. 干净

第14单元　Unit 14

◎ 目标词语　Target words

261. 男	262. 男孩儿	263. 男朋友	264. 男人	265. 男生
266. 南	267. 南边	268. 难	269. 呢	270. 能
271. 你	272. 你们	273. 年	274. 您	275. 牛奶
276. 女	277. 女儿	278. 女孩儿	279. 女朋友	280. 女人

◎ 速记　Quick memory

261　男　nán　*adj.*　man, male

这是<u>男</u>洗手间。
王朋，<u>男</u>，25岁，上海人。

262　男孩儿　nánháir　*n.*　boy

很多<u>男孩儿</u>都喜欢打球。
那个小<u>男孩儿</u>唱歌很好听。

263　男朋友　nánpéngyou　*n.*　boyfriend

她<u>男朋友</u>在医院工作。
你知道玛丽的<u>男朋友</u>是谁吗？

264　男人　nánrén　*n.*　man

那个<u>男人</u>说认识你，你认识他吗？
有的<u>男人</u>喜欢抽烟（chōuyān，smoke），有的不喜欢。

265　男生　nánshēng　*n.*　boy student

我们班有8个<u>男生</u>。
老师，我去叫几个<u>男生</u>来帮忙。

266　南　nán　*n.*　south

<u>南</u>门；<u>南</u>风
地图上的<u>南</u>是哪个方向（fāngxiàng，direction）？
从学校<u>南</u>门出去，右边有一家超市。

267　南边　nánbian　*n.*　south (side)

图书馆<u>南边</u>有一个商店。
我们学校在车站的<u>南边</u>。

268　难　nán　*adj.*　difficult

我觉得中文不<u>难</u>。
今天的考试有点儿<u>难</u>。

269 **呢** ne *pt.* used at the end of an interrogative sentence; used at the end of a declarative sentence to indicate a behavior or action in progress

我喝茶，你呢？
奶奶在看电视呢。

270 **能** néng *v.* can

我能用一下儿洗手间吗？
能给我看看你的新手机吗？

271 **你** nǐ *pron.* you

你是谁？
很高兴认识你。

272 **你们** nǐmen *pron.* (plural form) you

你们在哪儿上课？
你们先走吧，我还要等个朋友。

273 **年** nián *m.* a measure word for years

我跟他认识十几年了。
二十年了，我们都老了。

274 **您** nín *pron.* (term of respect) you

您好！
请问，您是张先生吗？

275 **牛奶** niúnǎi *n.* milk

牛奶没有了。
我姐姐不喜欢喝牛奶。

276 **女** nǚ *adj.* woman, female

女洗手间在二楼。
这个人是男的还是女的？

277 **女儿** nǚ'ér *n.* daughter

她女儿去上海读书了。
我没有女儿，我有一个儿子。

278 **女孩儿** nǚháir *n.* girl

那个女孩儿真好看！
这个学校没有男孩儿，都是女孩儿。

279 **女朋友** nǚpéngyou *n.* girlfriend

明天是我女朋友的生日。
麦克的女朋友不是我们学校的学生。

280 女人　nǚrén　n.　woman

有的<u>女人</u>不喜欢开车。
你觉得做<u>女人</u>好还是做男人好？

◎ 速练　Quick practice

一、先根据词语写拼音，再将词语和正确的英文释义连起来
Write Pinyin according to the words, and then match the words with the correct English definitions.

1. 男朋友 _____　　A. woman

2. 女孩儿 _____　　B. milk

3. 男生 _____　　C. difficult

4. 牛奶 _____　　D. can

5. 女人 _____　　E. boy student

6. 能 _____　　F. south (side)

7. 难 _____　　G. boyfriend

8. 南边 _____　　H. girl

二、选择合适的词语填空　Choose the right words and fill in the blanks.

（一）　A. 男　　B. 南　　C. 你　　D. 女人　　E. 男生

1. 请进，女生坐右边，____ 坐左边。

2. ____ 门口的大楼就是3号楼。

3. ____ 想什么，男人不会明白的。

4. 玛丽，____ 有弟弟妹妹吗？

5. 玛丽，坐在你前边的那个 ____ 同学叫什么？

（二）　A. 男孩儿　　B. 南边　　C. 你们　　D. 女　　E. 能

1. ____ 是哪个大学的？

2. 同学，____ 请你帮个忙吗？

3. 学校 ____ 有一家医院。

4. 那边有个小 ____ 在找妈妈。

5. 那个跟王老师说话的 ____ 同学是你们班的吗？

（三） A.男人　　B.难　　C.年　　D.女孩儿　　E.牛奶

1. 早上喝杯____再走。

2. 我觉得中文不____。

3. 那个____是你妹妹吗?

4. 他们家____工作忙，晚上经常不回家吃饭。

5. 我们有多少____没有见面了?

（四） A.男朋友　　B.呢　　C.您　　D.女朋友　　E.女儿

1. 我来介绍一下儿，这是我的____，他叫张大明。

2. 明天去看王老师，买点儿什么好____?

3. ____先坐一会儿，菜马上来。

4. 你们别开玩笑了，她是我同学，不是我____。

5. 他____今年5岁，还没上小学。

三、选择合适的词语完成句子　Choose the right words to complete the sentences.

1. 张先生有一个____和一个女儿。

   A.男孩儿　　B.儿子

2. 小明，____去帮妈妈买点儿面条儿，好吗?

   A.你　　B.您

3. 我们明天去哪儿玩儿____?

   A.吗　　B.呢

4. 那个____医生就是王医生。

   A.女　　B.女人

5. 这瓶(píng, bottle)牛奶坏了，不____喝了。

   A.能　　B.会

第15单元　Unit 15

◎ 目标词语　Target words

281. 女生	282. 旁边	283. 跑	284. 朋友	285. 票
286. 七	287. 起	288. 起床	289. 起来	290. 汽车
291. 前	292. 前边	293. 前天	294. 钱	295. 钱包
296. 请	297. 请假	298. 请进	299. 请问	300. 请坐

◎ 速记　Quick memory

281 **女生**　nǚshēng　*n.*　girl student

2班的女生都请假了。
这次考试有两个女生考了100分。

282 **旁边**　pángbiān　*n.*　side, adjacent place

你的书在茶杯旁边。
图书馆旁边有个小商店。

283 **跑**　pǎo　*v.*　run

别跑，地上有水！
小明，你怎么跑回家来了？下午不上课吗？

284 **朋友**　péngyou　*n.*　friend

玛丽是我朋友。
下午我去朋友家玩儿。

285 **票**　piào　*n.*　ticket

票买了吗？
我买了晚上8点的电影票。

286 **七**　qī　*nu.*　seven

一个星期有七天。
他儿子今年七岁。

287 **起**　qǐ　*v.*　get up; rise

早睡早起身体好。
外面起风了，有点儿冷。

288 **起床**　qǐ//chuáng　get up

早上你几点起床？
麦克，8点了，快起床！

289 **起来** qǐ//·lái get up; stand up

玛丽，起来了没有？早饭好了。
起来，别坐地上。

290 **汽车** qìchē *n.* car

一辆（liàng, *a measure word for vehicles*）汽车
汽车没有火车快。
那辆汽车是王老师的。

291 **前** qián *n.* past, former times; front

你走前我们一起吃个饭吧。
五年前他是一个小学老师。
我家门前就有一个车站。

292 **前边** qiánbian *n.* front

你看，前边那个人是不是玛丽？
前边还有10个人，我是第11个。

293 **前天** qiántiān *n.* the day before yesterday

前天是你生日吗？
前天我爸从上海来看我，今天要回去了。

294 **钱** qián *n.* money

你那里还有钱吗？
做这个工作钱少，还很累。

295 **钱包** qiánbāo *n.* wallet

这是你的钱包吗？
我不喜欢用钱包。

296 **请** qǐng *v.* please; invite

请坐；请进
麦克想请我们吃饭，去不去？
妈妈，明天我能请同学来家里玩儿吗？

297 **请假** qǐng//jià ask for leave

昨天你为什么请假？
玛丽，下午帮我请个假。

298 **请进** qǐng jìn please come in

请进，门没关。
请进，您找谁？

299 **请问** qǐngwèn *v.* excuse me, please

请问，现在几点？
请问，图书馆在哪儿？

000 **请坐** qǐng zuò please have a seat

请坐，别客气。
您请坐，喝茶吗？

◎ 速练　Quick practice

一、先根据词语写拼音，再将词语和正确的英文释义连起来
Write Pinyin according to the words, and then match the words with the correct English definitions.

1. 女生 _____　　　　A. wallet

2. 旁边 _____　　　　B. run

3. 请假 _____　　　　C. side, adjacent place

4. 钱包 _____　　　　D. please; invite

5. 汽车 _____　　　　E. ask for leave

6. 前天 _____　　　　F. car

7. 请 _____　　　　　G. girl student

8. 跑 _____　　　　　H. the day before yesterday

二、选择合适的词语填空　Choose the right words and fill in the blanks.

（一）　A. 女生　　B. 七　　C. 前　　D. 请　　E. 票

1. 请问，下午飞北京的 ____ 还有吗？

2. 我们 ____ 玛丽给大家唱一首（shǒu, a measure word for songs and poems）英文歌吧。

3. ____ 晚上不要太晚回家。

4. 昨天我们班有 ____ 个同学参加（cānjiā, take）了HSK考试。

5. 我睡觉 ____ 喜欢听歌。

（二）　A. 旁边　　B. 起　　C. 前天　　D. 请假　　E. 请坐

1. 玛丽的妈妈是 ____ 来北京的。

2. 同学们 ____ 吧。

3. 你不来上课，也不 ____，老师很不高兴。

4. 我们学校在电影院 ____。

5. 快 ____ 来，地上冷。

（三）　　A.跑　　　B.起床　　　C.前边　　　D.请进　　　E.钱包

1. 同学们都 ____ 吧，上课了。

2. 大卫还没有 ____。

3. 小明，你看见妈妈的 ____ 了吗？

4. 看，____ 有个车站。

5. 孩子们，路上车多，你们慢点儿 ____！

（四）　　A.朋友　　　B.起来　　　C.钱　　　D.请问　　　E.汽车

1. 楼下那辆 ____ 是你的吗？

2. 他学中文的时候认识了很多中国 ____。

3. ____，这里是王老师家吗？

4. 快 ____，8点多了！

5. 他买了个新手机，____ 都用了。

三、选择合适的词语完成句子　Choose the right words to complete the sentences.

1. ____ 风了，我去关门。

　　A.起来　　　B.起

2. 吃饭 ____ 我们去看电影了。

　　A.前　　　　B.前边

3. ____，我不知道。

　　A.请问　　　B.对不起

4. 他的车就在马路 ____。

　　A.旁边　　　B.前边

5. 张老师说玛丽今天 ____ 了。

　　A.放假　　　B.请假

第16单元 Unit 16

◎ 目标词语　Target words

301. 球	302. 去	303. 去年	304. 热	305. 人
306. 认识	307. 认真	308. 日	309. 日期	310. 肉
311. 三	312. 山	313. 商场	314. 商店	315. 上
316. 上班	317. 上边	318. 上车	319. 上次	320. 上课

◎ 速记　Quick memory

301　**球**　qiú　*n.*　ball

打<u>球</u>
小明，我们去打<u>球</u>吧。
这个<u>球</u>坏了，买个新的吧。

302　**去**　qù　*v.*　go

你<u>去</u>哪儿？
我<u>去</u>学校上课。

303　**去年**　qùnián　*n.*　last year

我是<u>去年</u>来上海的。
从<u>去年</u>10月到现在，我们都在北京学习。

304　**热**　rè

（1）*adj.*　hot
天冷，我想喝杯<u>热</u>茶。
7月和8月是北京最<u>热</u>的时候。
（2）*v.*　heat
饭<u>热</u>好了，快吃吧。
牛奶都冷了，去<u>热</u>一下儿再喝吧。

305　**人**　rén　*n.*　person

一个<u>人</u>；<u>人</u>们
里边说话的那个<u>人</u>是谁？
同学们都走了，学校里边没<u>人</u>。

306　**认识**　rènshi

（1）*v.*　recognize, know
我不<u>认识</u>他。
这个字你<u>认识</u>吗？
（2）*n.*　understanding, knowledge
他在这件事上的<u>认识</u>是错的。
听了李老师的话，麦克有了新的<u>认识</u>。

| 307 | **认真** | rènzhēn | *adj.* | conscientious, careful |

他工作很认真。
我认真地想了想,还是没明白他说的是什么意思。

| 308 | **日** | rì | *n.* | day |

10月30日;生日
后天是爸爸的生日。
明天是休息日,我要在家睡觉。

| 309 | **日期** | rìqī | *n.* | date |

你买牛奶的时候,别忘了看日期。
哥哥,你电脑的日期怎么是错的?

| 310 | **肉** | ròu | *n.* | meat |

鸡肉;牛肉
这个菜是用牛肉做的。
小孩子也不是都爱吃肉。

| 311 | **三** | sān | *nu.* | three |

二十三;三百
这是她第三次来上海。
我来中国三年了,去了很多地方。

| 312 | **山** | shān | *n.* | mountain |

一座(zuò, *a measure word for relatively large and solid objects*)山;小山
早上山里下了点儿雨。
你看,前边那座山好高!

| 313 | **商场** | shāngchǎng | *n.* | shopping mall |

我们家旁边新开了一家商场。
今天星期六,商场的人很多。

| 314 | **商店** | shāngdiàn | *n.* | shop, store |

我去商店买点儿喝的。
他在路口开了一家小商店。

| 315 | **上** | shàng | | |

(1) *n.* up, on; previous
桌子上有本中文书。
上星期他儿子回国了。
(2) *v.* get on; go; begin a certain activity
大家上车吧,我们要走了。
你上哪儿去了?大家都在找你。
他妹妹今年上小学了。

| 316 | **上班** | shàng//bān | | go to work |

你哥哥在哪儿上班?
我们这儿8点半上班。

317 上边　shàngbian　n.　on

桌子上边有几个杯子。
本子上边没有写名字。

318 上车　shàng chē　get in the car

你先上车，我跟爸爸说点儿事。
他们都上车了，你怎么还在这里？

319 上次　shàng cì　last time

上次你说想去上海，还去吗？
你们上次一起吃饭是什么时候？

320 上课　shàng//kè　have a class

我们上午上课，下午休息。
王老师在上课，不在办公室。

◎ 速练　Quick practice

一、先根据词语写拼音，再将词语和正确的英文释义连起来
Write Pinyin according to the words, and then match the words with the correct English definitions.

1. 球 _____　　A. conscientious, careful

2. 肉 _____　　B. last time

3. 认识 _____　　C. hot; heat

4. 认真 _____　　D. meat

5. 日期 _____　　E. shopping mall

6. 商场 _____　　F. recognize, know; understanding, knowledge

7. 上次 _____　　G. ball

8. 热 _____　　H. date

二、选择合适的词语填空　Choose the right words and fill in the blanks.

（一）　A. 球　　B. 认识　　C. 三　　D. 上班　　E. 人

1. 他和女朋友在北京玩儿了 ____ 天。

2. 我爸爸去 ____ 了，我妈妈在家。

3. 我 ____ 这个班的老师。

4. 有没有 ____ 知道玛丽去哪里了？

5. 小朋友，这是你的 ____ 吗？

（二）　A. 去　　B. 认真　　C. 山　　D. 上边　　E. 上课

1. 你要 ＿＿ 上课，不要玩儿了！

2. 名字要写在 ＿＿，写在下边就错了。

3. 奶奶 ＿＿ 买菜了，还没回来。

4. 王老师在 ＿＿，你等一会儿再来吧。

5. 前边那座 ＿＿ 上没有人住。

（三）　A. 去年　　B. 日　　C. 商场　　D. 上车　　E. 肉

1. 十月一 ＿＿ 是中国的国庆节（Guóqìng Jié, National Day）。

2. 爸爸，我明天想去 ＿＿ 买衣服。

3. 我们是 ＿＿ 在上海认识的。

4. 妈妈，我想吃您做的牛 ＿＿ 面。

5. 车来了，我们 ＿＿ 吧。

（四）　A. 热　　B. 日期　　C. 商店　　D. 上次　　E. 上

1. 这家 ＿＿ 只有水果。

2. 请在这里写上您的名字，还有出生（chūshēng, be born）＿＿。

3. ＿＿ 你说想买个新手机，买了没有？

4. 请问，房间里有 ＿＿ 水吗？

5. 小明 ＿＿ 同学家玩儿去了，晚上不回来吃饭。

三、选择合适的词语完成句子　Choose the right words to complete the sentences.

1. 有 ＿＿ 吗？我们去喝杯咖啡吧。

　　A. 日期　　B. 时间

2. 那个 ＿＿ 里有你要的书包。

　　A. 商店　　B. 医院

3. 麦克，你几 ＿＿ 回国？

　　A. 号　　B. 日

4. 这是玛丽的书，你看，＿＿ 写了她的中文名字。

　　A. 上　　B. 上边

5. 我姐姐上个 ＿＿ 结婚（jié//hūn, marry）了。

　　A. 年　　B. 月

第17单元　Unit 17

◎ **目标词语　Target words**

321. 上网	322. 上午	323. 上学	324. 少	325. 谁
326. 身上	327. 身体	328. 什么	329. 生病	330. 生气
331. 生日	332. 十	333. 时候	334. 时间	335. 事
336. 试	337. 是	338. 是不是	339. 手	340. 手机

◎ **速记　Quick memory**

321　**上网**　shàng//wǎng　surf the Internet

奶奶不会上网。
你常常上网吗?

322　**上午**　shàngwǔ　*n.*　morning

我上午去医院。
玛丽上午有课。

323　**上学**　shàng//xué　go to school

你们国家孩子几岁上学?
小明上学去了,还没回家。

324　**少**　shǎo

(1) *adj.*　few, little
我们少拿了一个杯子。
这时候商店里的人很少。
(2) *v.*　lose, be missing
这钱不对,少了两块。
桌子上的书怎么少了一本?

325　**谁**　shéi/shuí　*pron.*　who

他是谁?
这个包是谁的?

326　**身上**　shēnshang　*n.*　on one's body, (carry something) with one

你身上这件衣服真好看!
对不起,我身上没带笔。

327　**身体**　shēntǐ　*n.*　body

他身体很好。
奶奶的身体好多了。

328 **什么** shénme *pron.* what

这是什么水果?
你说什么?我没听见。

329 **生病** shēng//bìng sick

他生病了,在家呢。
麦克没来上课,是生病了吗?

330 **生气** shēng//qì get angry

你不来,他会生气的。
你在生我的气吗?

331 **生日** shēngrì *n.* birthday

过生日
生日快乐(kuàilè, happy)!
生日那天你想去哪儿吃饭?

332 **十** shí *nu.* ten

八十;十九
同学们十年没见了。
我们明天上午十点图书馆见。

333 **时候** shíhou *n.* (a point in) time, moment

你什么时候走?
我来的时候他还在睡觉。

334 **时间** shíjiān *n.* time

时间不早了,快睡觉吧。
晚上有时间吗?一起看电影吧。

335 **事** shì *n.* thing

这件事我知道,你别说了。
王老师不在,你找他有什么事吗?

336 **试** shì *v.* try

这是今年的新茶,你试一试。
这件衣服有中号的吗?我想试一下儿。

337 **是** shì *v.* be

玛丽是美国人吗?
我不是他的女朋友。

338 **是不是** shì bu shì whether or not

你是不是喜欢他?
明天是不是麦克的生日?

69

339 **手** shǒu *n.* hand

吃饭前要洗<u>手</u>。
你<u>手</u>里拿的什么?

340 **手机** shǒujī *n.* mobile phone

这是谁的<u>手机</u>?
我的<u>手机</u>坏了。

◎ 速练　Quick practice

一、先根据词语写拼音，再将词语和正确的英文释义连起来
Write Pinyin according to the words, and then match the words with the correct English definitions.

1. 上网 ＿＿＿＿＿＿　　　　A. get angry

2. 上学 ＿＿＿＿＿＿　　　　B. mobile phone

3. 身上 ＿＿＿＿＿＿　　　　C. try

4. 时间 ＿＿＿＿＿＿　　　　D. hand

5. 生气 ＿＿＿＿＿＿　　　　E. go to school

6. 手机 ＿＿＿＿＿＿　　　　F. on one's body, (carry something) with one

7. 试 ＿＿＿＿＿＿　　　　　G. surf the Internet

8. 手 ＿＿＿＿＿＿　　　　　H. time

二、选择合适的词语填空　Choose the right words and fill in the blanks.

（一）　A. 上网　　B. 身上　　C. 生日　　D. 试　　E. 谁

1. 你不 ＿＿＿ 一下儿怎么知道好吃不好吃。

2. 妈妈 ＿＿＿ 快乐！

3. 玛丽 ＿＿＿ 穿了一件黑色（hēisè, black）的衣服。

4. ＿＿＿ 看见我的手机了?

5. 你常常 ＿＿＿ 买东西吗?

（二）　A. 上午　　B. 身体　　C. 十　　D. 是　　E. 生气

1. 你还在 ＿＿＿ 吗?

2. 你妈妈 ＿＿＿ 好吗?

3. 你 ＿＿＿ 去还是下午去?

4. 我们班有 ＿＿＿ 个女生、八个男生。

5. 这不____我的衣服。

（三） A. 上学　　B. 什么　　C. 时候　　D. 是不是　　E. 事

1. 玛丽，下午你回来的____帮我买个本子好吗？

2. 小朋友，你几岁了？____了没有？

3. A：请问，小明在不在？

　　B：他去打球了，你找他有什么____？

4. 老师，您看这两个地方____错了？

5. 张明跟你说____了？

（四） A. 少　　B. 生病　　C. 时间　　D. 手　　E. 手机

1. 你的____怎么这么冷？

2. 15个人，13本书，____了2本。

3. 我能用一下儿你的____吗？我的没电了。

4. 这两天妈妈____了，家里没人做饭。

5. 考试的____是9点到10点半。

三、选择合适的词语完成句子　Choose the right words to complete the sentences.

1. 201是____房间？

　　A. 谁的　　　B. 谁

2. 先生，您是不是有____忘在房间里了？

　　A. 事　　　B. 东西

3. 别____了，都是我的错。

　　A. 生气　　　B. 生病

4. 请问，这____王老师家吗？

　　A. 是　　　B. 是不是

5. 有____我们一起去玩儿吧。

　　A. 时候　　　B. 时间

第18单元　Unit 18

◎ **目标词语**　Target words

341. 书	342. 书包	343. 书店	344. 树	345. 水
346. 水果	347. 睡	348. 睡觉	349. 说	350. 说话
351. 四	352. 送	353. 岁	354. 他	355. 他们
356. 她	357. 她们	358. 太	359. 天	360. 天气

◎ **速记**　Quick memory

341　书　shū　*n.*　book

　　一本书
　　这本书多少钱？
　　你有几本中文书？

342　书包　shūbāo　*n.*　schoolbag

　　一个书包
　　这个书包不大不小，我很喜欢。
　　小明，书包里有吃的，饿了自己拿。

343　书店　shūdiàn　*n.*　bookstore

　　一家书店
　　书店在商场的一楼。
　　学校旁边有一家书店。

344　树　shù　*n.*　tree

　　一棵（kē, *a measure word for plants*）树；大树
　　那棵树又高又大。
　　我们学校里有很多树，很漂亮。

345　水　shuǐ　*n.*　water

　　一瓶水；喝水
　　我车上有两瓶水。
　　请给我们两杯水。

346　水果　shuǐguǒ　*n.*　fruit

　　桌子上的水果能吃吗？
　　奶奶说想吃水果，你去买点儿吧。

347　睡　shuì　*v.*　sleep

　　爸爸睡了没有？
　　中午我睡了一会儿。

| 348 | 睡觉 | shuì//jiào | | go to bed |

11点多了，去睡觉吧。
他晚上10点睡觉，早上6点起床。

| 349 | 说 | shuō | *v.* | say |

你说，明天会下雨吗？
王老师说他不认识张小姐。

| 350 | 说话 | shuō//huà | | speak, talk |

你在跟我说话吗？
别说话，我们在上课呢！

| 351 | 四 | sì | *nu.* | four |

四十；十四
明天是王老师四十岁生日。
五月四号下午你们有课吗？

| 352 | 送 | sòng | *v.* | deliver; give as a present; see somebody off |

电影票明天10点送来就行。
我想送女朋友一个新手机。
李明的女朋友明天坐飞机去美国，他要去机场送她。

| 353 | 岁 | suì | *m.* | age |

他18岁了，不是小孩儿了。
来看这个电影的都是十几岁的中学生。

| 354 | 他 | tā | *pron.* | he, him |

他没跟你一起去吗？
我没告诉他你的名字。

| 355 | 他们 | tāmen | *pron.* | they, them |

他们都去看电影了。
你记得他们是哪个大学的吗？

| 356 | 她 | tā | *pron.* | she, her |

她叫王丽。
玛丽去洗手间了，你等等，我去叫她。

| 357 | 她们 | tāmen | *pron.* | they, them |

我有两个妹妹，她们都在上小学。
那几个女生是3班的，我认识她们。

| 358 | 太 | tài | *adv.* | too |

太好了！
这件衣服太大了！

359 天   tiān

（1）*n.*   day; sky; weather
我今天太累了,不想出去打球。
你看,天上有好多鸟!
天冷了。
（2）*m.*   used to calculate days
四月有三十天。
我们在北京住了几天。

360 天气   tiānqì   *n.*   weather

今天天气真好!
北京明天什么天气?

◎ 速练 Quick practice

一、先根据词语写拼音,再将词语和正确的英文释义连起来
Write Pinyin according to the words, and then match the words with the correct English definitions.

1. 书 _____   A. go to bed

2. 水果 _____   B. water

3. 睡觉 _____   C. weather

4. 说话 _____   D. deliver; give as a present; see somebody off

5. 天气 _____   E. tree

6. 水 _____   F. speak, talk

7. 送 _____   G. book

8. 树 _____   H. fruit

二、选择合适的词语填空 Choose the right words and fill in the blanks.

（一）   A. 书   B. 水果   C. 四   D. 她   E. 天气

1. 今天的 ____ 真好,不冷也不热。

2. 给你的中文 ____ 你都看了吗?

3. ____ 是我弟弟的朋友。

4. 这个时候南方（nánfāng, south）的 ____ 又多又好吃。

5. 外边来了 ____ 个学生。

（二）   A. 书包   B. 睡   C. 送   D. 她们   E. 说话

1. 下雨了,我开车 ____ 你去车站吧。

2. ____ 是你的朋友吗？

3. 中午吃了饭我想 ____ 一会儿。

4. 麦克在楼下跟玛丽 ____ 呢。

5. 这不是李明的 ____。

（三） A. 书店　　B. 睡觉　　C. 岁　　D. 太　　E. 他们

1. 我去问问 ____ 什么时候吃饭。

2. ____ 晚了，明天再去吧。

3. 我们学校里边有一个 ____。

4. 我哥哥比我大 3 ____。

5. 现在这个时间，麦克还在 ____ 吧？

（四） A. 树　　B. 说　　C. 他　　D. 天　　E. 水

1. 妈妈没 ____ 她几点回来。

2. 玛丽，你看见麦克没有？我想问 ____ 点儿事。

3. 怎么没 ____ 了，我还在洗澡（xǐ//zǎo, take a bath）呢！

4. 今天 ____ 不好，别去打球了。

5. 我喜欢住在山上，因为山上 ____ 多。

三、选择合适的词语完成句子　Choose the right words to complete the sentences.

1. 我昨晚看比赛（bǐsài, game, match），只 ____ 了三四个小时。

　　A. 睡　　　B. 睡觉

2. 再 ____ 我 5 分钟，马上好！

　　A. 给　　　B. 送

3. A：今天的考试难吗？

　　B：____ 难！

　　A. 太　　　B. 很

4. 这件事别 ____ 别人。

　　A. 告诉　　B. 说话

5. 走这条路 ____ 远了！

　　A. 很　　　B. 太

第19单元　Unit 19

◎ 目标词语　Target words

361. 听	362. 听到	363. 听见	364. 听写	365. 同学
366. 图书馆	367. 外	368. 外边	369. 外国	370. 外语
371. 玩儿	372. 晚	373. 晚饭	374. 晚上	375. 网上
376. 网友	377. 忘	378. 忘记	379. 问	380. 我

◎ 速记　Quick memory

361　听　tīng　v.　listen; obey

你听，这是谁在唱歌？
爸爸不在家，你要听妈妈的话。

362　听到　tīngdào　　hear

他们说什么你听到没？
我听到有人叫我的名字。

363　听见　tīng//jiàn　　hear

他们说什么你听见没？
我听见有人叫我的名字。

364　听写　tīngxiě　v.　dictate

老师常常给我们听写。
昨天听写我错了3个字。

365　同学　tóngxué　n.　classmate

同学，你好！
他是我的大学同学。

366　图书馆　túshūguǎn　n.　library

我们学校有两个图书馆。
我下午去图书馆，你去不去？

367　外　wài　n.　out, outside

门外；校外；国外
你去门外看看那几个人走了没有。
他在国外读书，很多年没回来了。

368　外边　wàibian　n.　out, outside

我去外边看看。
外边下雨了吗？

369 **外国** wàiguó *n.* foreign country

外国人；外国学生
我们学校来了很多外国人。
上午有个外国学生来找你。

370 **外语** wàiyǔ *n.* foreign language

一门外语
他会说三门外语。
学外语要多听多说。

371 **玩儿** wánr *v.* play

玩儿电脑
你们玩儿吧，我不会这个。
小明想跟哥哥姐姐一起玩儿。

372 **晚** wǎn

（1）*adj.* late
很晚了，明天再做吧。
现在太晚了，没有票了。
（2）*n.* evening, night
今晚有什么电影？
我明晚的飞机去上海。

373 **晚饭** wǎnfàn *n.* dinner, supper

妈妈叫我回家吃晚饭。
明明，你吃晚饭了没有？

374 **晚上** wǎnshang *n.* evening

爸爸明天晚上回来。
晚上冷，多穿点儿衣服。

375 **网上** wǎng shang online

你在网上看什么呢？
我喜欢在网上听歌、看电影。

376 **网友** wǎngyǒu *n.* net friend

他准备去见一个网友。
我上网的时候认识了一个网友。

377 **忘** wàng *v.* forget

不要忘了妈妈说的话。
麦克的钱包忘在车上了。

378 **忘记** wàngjì *v.* forget

走的时候不要忘记关门。
对不起，我忘记买牛奶了。

379 问 wèn v. ask, inquire

我有点儿事想问张老师。
对不起,我不知道,你问玛丽吧。

380 我 wǒ pron. I, me

我是麦克的弟弟。
他跟我去上海。

◎ 速练　Quick practice

一、先根据词语写拼音,再将词语和正确的英文释义连起来
Write Pinyin according to the words, and then match the words with the correct English definitions.

1. 听到 _____　　　　A. foreign language

2. 同学 _____　　　　B. forget

3. 外语 _____　　　　C. library

4. 听写 _____　　　　D. classmate

5. 网友 _____　　　　E. dinner, supper

6. 忘记 _____　　　　F. net friend

7. 晚饭 _____　　　　G. hear

8. 图书馆 _____　　　H. dictate

二、选择合适的词语填空　Choose the right words and fill in the blanks.

(一)　A. 听　　B. 图书馆　　C. 玩儿　　D. 网友　　E. 外语

1. 我们班同学都喜欢 ____ 电脑。

2. ____,是不是下雨了?

3. 麦克下午要去见一个 ____。

4. 早上 ____ 里人不多。

5. 你会说 ____ 吗?

(二)　A. 听到　　B. 外　　C. 晚　　D. 忘　　E. 同学

1. A:我要你买的本子呢?
   B:对不起,我 ____ 了。

2. ____,3号楼是这里吗?

3. 你 ____ 麦克说什么了吗?

4. 他不住学校里边，他住在校____。

5. 现在有点儿____了，我们要关门了。

（三）　　A. 听见　　B. 外边　　C. 晚饭　　D. 忘记　　E. 网上

1. 你在____找一下儿，看看有没有这个学校的介绍。

2. 你有没有____什么声音（shēngyīn, sound）？

3. 不要告诉我你____了，我给你打了3个电话！

4. 谁在____？明明，是你吗？

5. 你吃____了没有？

（四）　　A. 听写　　B 外国　　C. 晚上　　D. 问　　E. 我

1. 你别____了，她不会告诉你的。

2. ____弟弟也在北京读书。

3. 现在我们____，老师说，你们写。

4. 你哥哥在____公司（gōngsī, company）上班吗？

5. 白天认真工作，____好好（hǎohǎo, to one's heart's content）休息。

三、选择合适的词语完成句子　Choose the right words to complete the sentences.

1. 现在不用去电影院，____的电影很多，也很好看。

　　A. 上网　　　B. 网上

2. 我的书包____在车里了。

　　A. 忘　　　　B. 忘记

3. 他女朋友是个____人。

　　A. 外国　　　B 国外

4. 我去办公室____张老师一个____。

　　A. 问题　　　B. 问

5. 你____，玛丽在唱歌呢。

　　A. 听　　　　B. 听见

第20单元　Unit 20

◎ **目标词语　Target words**

381. 我们	382. 五	383. 午饭	384. 西	385. 西边
386. 洗	387. 洗手间	388. 喜欢	389. 下	390. 下班
391. 下边	392. 下车	393. 下次	394. 下课	395. 下午
396. 下雨	397. 先	398. 先生	399. 现在	400. 想

◎ **速记　Quick memory**

381 **我们** wǒmen　*pron.*　we, us

我们学习都很认真。
你在等我们吗？

382 **五** wǔ　*nu.*　five

五十；五百
我买五个包子。
爷爷奶奶结婚五十年了。

383 **午饭** wǔfàn　*n.*　lunch

我还没吃午饭。
妈妈，午饭吃什么？

384 **西** xī　*n.*　west

西门；西风
你去西门还是东门？
西在那边，你走错了。

385 **西边** xībian　*n.*　west (side)

看，西边下雨了。
我们学校的西边有一座小山。

386 **洗** xǐ　*v.*　wash

洗手；洗衣服
去洗手，马上吃饭了。
你先睡，我还要洗衣服。

387 **洗手间** xǐshǒujiān　*n.*　restroom

我去一下儿洗手间。
请问，洗手间在哪儿？

388 **喜欢** xǐhuan　*v.*　be fond of, like, love

你喜欢喝什么茶？
我不喜欢这件衣服。

389 下　　xià

（1）n.　　below; next
我们在山下买了一些水和吃的。
下个月你们有没有考试？
（2）v.　　finish; get off; (of rain, snow, etc.) fall
下班；下车；下雨
这么晚了，还不下床！
山上有点儿冷，我们下山吧。

390 下班　　xià//bān　　get/leave off work

爸爸，你今天几点下班？
今天下班我们去外边吃晚饭吧。

391 下边　　xiàbian　　n.　　below, under

桌子下边有个书包。
那本书下边有一个手机。

392 下车　　xià chē　　get off (a bus, train, car, etc.)

你在哪一站下车？
火车马上到北京了，我们准备下车吧。

393 下次　　xià cì　　next time

下次去我家吃饭。
包子都没了，下次早点儿来。

394 下课　　xià//kè　　v.　　finish class

我们6点下课。
他们怎么还没下课？

395 下午　　xiàwǔ　　n.　　afternoon

别忘了我们下午4点要开会！
我上午有点儿事，下午去看奶奶。

396 下雨　　xià yǔ　　rain

昨天下雨，我们没去。
这几天北京在下大雨。

397 先　　xiān　　adv.　　first

我先走了，家里还有事。
你先喝口水，一会儿再说。

398 先生　　xiānsheng　　n.　　Mr.; husband

张先生
先生，请进！
您先生也是老师吗？

399   **现在**   xiànzài   *n.*   now

我<u>现</u>在要下班了，你明天再来吧。
<u>现在</u>我来给大家介绍一下儿新同学。

400   **想**   xiǎng   *v.*   think; miss; want

你再<u>想</u>一下儿，B是对的吗？
玛丽有点儿<u>想</u>家。
我<u>想</u>回家吃饭。

◎ 速练   Quick practice

一、先根据词语写拼音，再将词语和正确的英文释义连起来
Write Pinyin according to the words, and then match the words with the correct English definitions.

1. 我们 _____   A. rain

2. 午饭 _____   B. first

3. 喜欢 _____   C. restroom

4. 下雨 _____   D. we, us

5. 先 _____   E. get/leave off work

6. 西 _____   F. lunch

7. 下班 _____   G. west

8. 洗手间 _____   H. be fond of, like, love

二、选择合适的词语填空   Choose the right words and fill in the blanks.

（一）   A. 五   B. 午饭   C. 西边   D. 洗手间   E. 下边

1. ____ 不在二楼，在一楼左边。

2. 这件衣服 ____ 百块。

3. 今天 ____ 你吃什么了？

4. 你的书包在桌子 ____。

5. 我们家在马路 ____ 那座白色（báisè, white）的楼里。

（二）   A. 我们   B. 西   C. 洗   D. 喜欢   E. 下课

1. 你 ____ 看书还是听歌？

2. 你记不记得 ____ 第一次看电影是什么时候？

3. 还有10分钟就 ____ 了。

4. 他想去 ____ 门外边，从那儿坐车回家。

5. ____ 手了吗？准备吃饭了。

（三） A. 下　　B. 下车　　C. 下午　　D. 先生　　E. 想

1. 你 ____ 后过马路，我在车站对面（duìmiàn, opposite）的咖啡店等你。

2. 奶奶，您 ____ 楼的时候慢一点儿！

3. 你 ____ 爸爸妈妈吗？

4. 张 ____ 是我弟弟的老师。

5. ____ 有个电话找你，他说他叫李明，是你的学生。

（四） A. 下班　　B. 下次　　C. 下雨　　D. 现在　　E. 先

1. ____ 几点了？

2. 请您 ____ 坐一会儿，他马上来。

3. 今天爸爸很早就 ____ 了。

4. ____ 早点儿去，去晚了票就没有了。

5. 这个地方 6 月常常 ____ 。

三、选择合适的词语完成句子　Choose the right words to complete the sentences.

1. 麦克，你有什么 ____ ？

　A. 爱好　　　B. 喜欢

2. ____ 是上午 9 点 10 分。

　A. 现在　　　B. 马上

3. 您好，我 ____ 一杯咖啡。

　A. 想　　　　B. 要

4. ____ 次我们去她家玩儿吧。

　A. 上　　　　B. 下

5. 我们学校的 ____ 是一个大商场。

　A. 西　　　　B. 西边

第 21 单元　Unit 21

◎ **目标词语　Target words**

401. 小	402. 小孩儿	403. 小姐	404. 小朋友	405. 小时
406. 小学	407. 小学生	408. 笑	409. 写	410. 谢谢
411. 新	412. 新年	413. 星期	414. 星期日	415. 星期天
416. 行	417. 休息	418. 学	419. 学生	420. 学习

◎ **速记　Quick memory**

401 **小**　xiǎo　*adj.*　small

小事；小问题
这件衣服有点儿小。
雨小一点儿了，我们走吧。

402 **小孩儿**　xiǎohái'r　*n.*　kid

小孩儿都喜欢玩儿。
那儿有个小孩儿，我们问问他吧。

403 **小姐**　xiǎojiě　*n.*　miss, young lady

李小姐
小姐，这是您的包。
请问，谁是李小姐？

404 **小朋友**　xiǎopéngyǒu　*n.*　child

小朋友，你妈妈在哪儿？
那个小朋友是你弟弟吗？

405 **小时**　xiǎoshí　*n.*　hour

一个小时
还有一个小时飞机就起飞（qǐfēi, take off）了。
我中午睡了半个小时。

406 **小学**　xiǎoxué　*n.*　primary school

我妹妹在上小学。
他是一个小学老师。

407 **小学生**　xiǎoxuéshēng　*n.*　pupil, primary school student

你弟弟是小学生吗？
他不是中学生，是小学生。

408 **笑**　xiào　*v.*　smile, laugh; laugh at

妈妈高兴地笑了。

他常常<u>笑</u>我不会唱歌。

409　写　　xiě　　*v.*　　write

<u>写</u>字；<u>写</u> email
你会<u>写</u>汉字吗？
我在给妈妈<u>写</u> email。

410　谢谢　　xièxie　　*v.*　　thank

<u>谢谢</u>！
<u>谢谢</u>您！

411　新　　xīn　　*adj.*　　new

<u>新</u>手机；<u>新</u>车；<u>新</u>同学
你的车真<u>新</u>！
我妹妹最喜欢穿<u>新</u>衣服。

412　新年　　xīnnián　　*n.*　　new year

<u>新年</u>好！
同学们<u>新年</u>快乐！

413　星期　　xīngqī　　*n.*　　week

一个<u>星期</u>；<u>星期</u>几
这个<u>星期</u>我不上班。
我来中国有两个<u>星期</u>了。

414　星期日　　xīngqīrì　　*n.*　　Sunday

下个月 18 号是<u>星期日</u>吗？
今天是 2022 年 4 月 10 日，<u>星期日</u>。

415　星期天　　xīngqītiān　　*n.*　　Sunday

下个月 18 号是<u>星期天</u>吗？
今天是 2022 年 4 月 10 日，<u>星期天</u>。

416　行　　xíng

（1）*v.*　　be all right, OK
我下午去找你拿书，<u>行</u>吗？
5 点半不<u>行</u>，我 5 点就下班了，你 4 点来吧。
（2）*adj.*　　capable
我不会玩儿？！你<u>行</u>你来啊！
你真<u>行</u>，10 点半了还没起床！

417　休息　　xiūxi　　*v.*　　rest, have a rest

下课了，我们<u>休息</u> 10 分钟。
中午老师们都在<u>休息</u>，你 2 点再来吧。

418　学　　xué　　*v.*　　study, learn

认真地<u>学</u>；<u>学</u>中文；<u>学</u>写字

你学中文吗?
你在哪儿学中文?

419 **学生** xué·shēng *n.* student

一个学生；女学生；好学生
我们都是学生。
她是个好学生，学习很认真。

420 **学习** xuéxí *v.* study, learn

认真学习；学习中文；学习写字
小明是个爱学习的好孩子。
玛丽和麦克学习都很认真。

◎ 速练　Quick practice

一、先根据词语写拼音，再将词语和正确的英文释义连起来
Write Pinyin according to the words, and then match the words with the correct English definitions.

1. 小 _____　　　A. new year

2. 学习 _____　　B. rest, have a rest

3. 小学 _____　　C. hour

4. 谢谢 _____　　D. smile, laugh; laugh at

5. 新年 _____　　E. thank

6. 休息 _____　　F. study, learn

7. 小时 _____　　G. small

8. 笑 _____　　　H. primary school

二、选择合适的词语填空　Choose the right words and fill in the blanks.

（一）　A. 小　　B. 小学　　C. 新　　D. 行　　E. 小学生

1. 7月和8月中国的 ____ 们都在放假。

2. 你 ____ 吗?要不要我帮忙?

3. 这个房间有点儿 ____，还有别的吗?

4. 这衣服太旧（jiù, old）了，有没有 ____ 的?

5. 玛丽的弟弟今年8岁，在上 ____。

（二）　A. 小孩儿　　B. 学习　　C. 新年　　D. 休息　　E. 谢谢

1. 累了一天，晚上好好 ____ !

2. 2022 年的 ____，我是在上海过的。

3. 麦克，____ 你送我书，我很喜欢！

4. 玛丽很努力，____ 成绩（chéngjì, school record）也很好。

5. 别跟明明生气了，他还是个 ____。

（三） A. 小姐　　B. 笑　　C. 星期　　D. 学　　E. 星期天

1. 你们别 ____ 了，她要生气了！

2. 我正在跟妈妈 ____ 做饭呢。

3. 你 ____ 几去学校？

4. 我 ____ 不去学校。

5. 王 ____ 是第一次来北京吗？

（四） A. 小朋友　　B. 写　　C. 星期日　　D. 学生　　E. 小时

1. 我爸爸工作很忙，____ 也要上班。

2. 你们一天工作几个 ____？

3. 这些都是给 ____ 玩儿的。

4. 你在 ____ 什么？

5. 王老师，麦克是您的 ____ 吗？

三、选择合适的词语完成句子　Choose the right words to complete the sentences.

1. 玛丽在你们班 ____ 好吗？

   A. 学　　　B. 学习

2. 他最不喜欢别人跟他 ____。

   A. 开玩笑　　B. 笑

3. 请问，现在几 ____？

   A. 小时　　B. 点

4. 张 ____ 来我们这儿有 5 年了吧？

   A. 小姐　　B. 女生

5. A：你不请假就出来玩儿，能 ____ 吗？

   B：没事儿，没人认识我。

   A. 好的　　B. 行

第 22 单元　Unit 22

◎ 目标词语　Target words

421. 学校	422. 学院	423. 要	424. 爷爷	425. 也
426. 页	427. 一	428. 衣服	429. 医生	430. 医院
431. 一半	432. 一会儿	433. 一块儿	434. 一下儿	435. 一样
436. 一边	437. 一点儿	438. 一起	439. 一些	440. 用

◎ 速记　Quick memory

421　**学校**　xuéxiào　*n.*　school

你怎么没去<u>学校</u>？
<u>学校</u>里有我的老师和同学。

422　**学院**　xuéyuàn　*n.*　college

李明和麦克不在一个<u>学院</u>。
我是外国语<u>学院</u>的学生，你呢？

423　**要**　yào　*v.*　want; ask; be going to

我<u>要</u>面条儿，谢谢。
老师<u>要</u>我们多听课文录音（lùyīn，recording）。
他明天<u>要</u>去上海。

424　**爷爷**　yéye　*n.*　grandpa; old man

他<u>爷爷</u>；张<u>爷爷</u>
这个老人是李明的<u>爷爷</u>，今年70岁了。
老<u>爷爷</u>，您要去哪儿？

425　**也**　yě　*adv.*　also, too

明天李明<u>也</u>要去上海。
玛丽是美国人，麦克<u>也</u>是。

426　**页**　yè　*m.*　page

第5<u>页</u>
这本书有200多<u>页</u>。
你看，书的第1<u>页</u>有个名字。

427　**一**　yī　*nu.*　one

<u>一</u>个；第<u>二</u>；<u>一</u>班
王老师是<u>一</u>个好老师！
我是第<u>一</u>次来武汉。

428 **衣服** yīfu　　*n.*　　clothes

新衣服；一件衣服
妈妈，我的衣服在哪儿？
你们国家的人结婚的时候穿什么衣服？

429 **医生** yīshēng　　*n.*　　doctor

一个医生
有谁看见王医生了？
我妈妈是医生，爸爸是大学老师。

430 **医院** yīyuàn　　*n.*　　hospital

麦克的妈妈在医院工作。
请问，学校里有医院吗？

431 **一半** yíbàn　　*nu.*　　half

蛋糕我吃了一半，还有一半是你的。
明天我们班有一半的同学要去王老师家玩儿。

432 **一会儿** yíhuìr　　a while

请等一会儿，医生马上来。
我看了一会儿电视，现在想睡觉了。

433 **一块儿** yíkuàir

（1）*n.*　　in the same place
麦克跟王老师在一块儿呢。
他们小时候在一块儿上学，现在又在一块儿工作。
（2）*adv.*　　together
他们班今晚一块儿看电影。
下课我们一块儿去图书馆吧。

434 **一下儿** yíxiàr　　one time, once

您坐一下儿，菜马上来。
来，麦克，你读一下儿这两个字。

435 **一样** yíyàng　　*adj.*　　same

他和我一样，都喜欢打球。
"大"和"太"这两个字不一样。

436 **一边** yìbiān

（1）*n.*　　one side
这条路一边是学校，一边是商场。
一边是我的好朋友，一边是我的女朋友，我帮谁呢？
（2）*adv.*　　simultaneously
我们一边走一边说吧。
他一边喝茶，一边听歌。

437 一点儿　yìdiǎnr　a little, a bit

我去买一点儿水果。
牛奶还有一点儿，面包没有了。

438 一起　yìqǐ

（1）adv.　together
下班一起走吧。
我跟玛丽常常一起吃午饭。
（2）n.　in the same place
他和奶奶住在一起。
我想和玛丽坐在一起。

439 一些　yìxiē　some

我还有一些事，先走了。
这一课我有一些不明白的地方。

440 用　yòng

（1）v.　use; need
我想用一下儿你的书，可以吗？
不用谢！
（2）prep.　with
你用什么笔写字？
中国人用筷子（kuàizi, chopsticks）吃饭。

◎ 速练　Quick practice

一、先根据词语写拼音，再将词语和正确的英文释义连起来
Write Pinyin according to the words, and then match the words with the correct English definitions.

1. 学校 ＿＿＿＿＿＿＿　　　　A. doctor
2. 学院 ＿＿＿＿＿＿＿　　　　B. hospital
3. 医生 ＿＿＿＿＿＿＿　　　　C. page
4. 医院 ＿＿＿＿＿＿＿　　　　D. also, too
5. 一样 ＿＿＿＿＿＿＿　　　　E. college
6. 一起 ＿＿＿＿＿＿＿　　　　F. together; in the same place
7. 页 ＿＿＿＿＿＿＿　　　　　G. school
8. 也 ＿＿＿＿＿＿＿　　　　　H. same

二、选择合适的词语填空　Choose the right words and fill in the blanks.

（一）　A. 学校　　B. 页　　C. 一半　　D. 一边　　E. 也

1. 我们班有 ＿＿＿＿ 的同学在学校住。

2. 请看课本的第 9 ____。

3. 麦克 ____ 想去北京玩儿。

4. 你们 ____ 有外国学生吗？

5. 您一边吃饭，____ 听我说。

（二）　　A. 学院　　B. 一起　　C. 一会儿　　D. 一点儿　　E. 医院

1. 他有 ____ 累，不想说话。

2. 昨天我们 ____ 休息。

3. 你在哪个 ____ 学习？

4. 妹妹跟朋友 ____ 出去了。

5. 你坐 ____，我去给你拿杯喝的。

（三）　　A. 要　　B. 衣服　　C. 一块儿　　D. 一　　E. 一样

1. 这是我第 ____ 次来中国。

2. 你 ____ 喝点儿什么？

3. 这件 ____ 是你的吗？

4. 这里的天气跟北京不 ____。

5. 你找玛丽吗？她和麦克在 ____ 呢。

（四）　　A. 爷爷　　B. 医生　　C. 一下儿　　D. 一些　　E. 用

1. 我能 ____ 一下儿你的车吗？

2. 王 ____，您下个星期三上午在医院吗？

3. 下午我和爸爸妈妈要去 ____ 家，不能跟你们打球了。

4. 一会儿我朋友要来玩儿，我去楼下买 ____ 水果。

5. 请同学们听 ____ 问题。

三、选择合适的词语完成句子　Choose the right words to complete the sentences.

1. 我 ____ 两个本子，多少钱？

　　A. 要　　　　B. 想

2. 玛丽病了，要去看 ____。

　　A. 医院　　　B. 医生

3. 小姐，你看 ____ 这件衣服，比那件好看一点儿。

　　A. 一会儿　　B. 一下儿

4. 妈妈不喜欢喝茶，我 ____ 是。

　　A. 也　　　B. 都

5. 听写就是 ____ 听 ____ 写。

　　A. 旁边　　　B. 一边

第 23 单元　Unit 23

◎ **目标词语**　Target words

441. 有	442. 有的	443. 有名	444. 有时候｜有时	445. 有（一）些
446. 有用	447. 右	448. 右边	449. 雨	450. 元
451. 远	452. 月	453. 再	454. 再见	455. 在
456. 在家	457. 早	458. 早饭	459. 早上	460. 怎么

◎ **速记**　Quick memory

441　有　　yǒu　　*v.*　　have; *indicating existence*

麦克<u>有</u>女朋友吗？
路上<u>有</u>很多车。

442　有的　　yǒude　　*pron.*　　some

<u>有的</u>人；<u>有的</u>时候
他们<u>有的</u>是中国学生，<u>有的</u>是外国学生。
<u>有的</u>学生喜欢在房间里学习，<u>有的</u>喜欢在图书馆里学习。

443　有名　　yǒu//míng　　famous

这家饭店在广州很<u>有名</u>。
成龙（Chéng Lóng，Jackie Chan）的电影很<u>有名</u>。

444　有时候｜有时　　yǒushíhou｜yǒushí　　*adv.*　　sometimes

商场里<u>有时候</u>人多，<u>有时候</u>人少。
武汉七八月很热，我们<u>有时</u>会去山上住几天。

445　有（一）些　　yǒu(yì)xiē　　*pron.*　　some

今天来的人<u>有一些</u>是麦克的朋友。
<u>有些</u>人不喜欢上网。

446　有用　　yǒuyòng　　*v.*　　useful

我觉得学外语很<u>有用</u>。
你吃这个药（yào, medicine）<u>有用</u>吗？

447　右　　yòu　　*n.*　　right

<u>右</u>手；<u>右</u>眼（yǎn, eye）
你<u>右</u>手拿的什么？给我看看。
两个孩子一左一<u>右</u>坐在门口的地上。

448　右边　　yòubian　　*n.*　　right (side)

你<u>右边</u>的女同学是谁？
我们学校大门的<u>右边</u>有个商店。

449 雨　yǔ　n.　rain

一场（cháng, *a measure word for the duration of an event*）雨
看，雨下不了。
今天下了两场雨。

450 元　yuán　m.　a standard monetary unit in China

面条儿一碗16元。
先生，找您5元钱。

451 远　yuǎn　adj.　far

我上班的地方有点儿远。
那里很远，我们要早点儿去坐车。

452 月　yuè　n.　month

一个月；5月；上个月
现在是1月，天气很冷。
下个月我哥哥要结婚了。

453 再　zài　adv.　again

再来；再听
大家再认真听一遍A对还是B对。
玛丽，请你再读一遍（biàn, *a measure word denoting an action from beginning to end*）课文。

454 再见　zàijiàn　v.　goodbye

A：下课，同学们再见！
B：老师再见！

455 在　zài

（1）v.　be at a place
在家；在学校
请问，李老师在吗？
他下午不在，你明天来吧。
（2）prep.　in, at, on
王丽在上海工作。
他晚上在家吃饭。
书在桌子上。
（3）adv.　indicating an action in progress
在工作；在上课；在睡觉
你在做什么？
奶奶在看电视呢。

456 在家　zàijiā　v.　at home

对不起，明天我不在家。
晚上你在家吗？我想跟你一起学习。

457 早　zǎo　adj.　early

很早；不早

不早了，明天再说吧。
还早，飞机起飞还有一个小时。

458 早饭　　zǎofàn　　n.　　breakfast

你几点吃早饭？
早饭想吃什么？我出去买。

459 早上　　zǎoshang　　n.　　morning

今天早上我5点半就起床了。
我明天早上要送一个朋友去机场。

460 怎么　　zěnme　　pron.　　how, why

怎么写；怎么走；怎么做
请问，医院怎么走？
你怎么不说话？

◎ 速练　Quick practice

一、先根据词语写拼音，再将词语和正确的英文释义连起来
Write Pinyin according to the words, and then match the words with the correct English definitions.

1. 有 _____　　　　　　A. useful

2. 有用 _____　　　　　B. some

3. 有时候 _____　　　　C. month

4. 有些 _____　　　　　D. famous

5. 怎么 _____　　　　　E. breakfast

6. 有名 _____　　　　　F. how, why

7. 早饭 _____　　　　　G. have; indicating existence

8. 月 _____　　　　　　H. sometimes

二、选择合适的词语填空　Choose the right words and fill in the blanks.

（一）　A. 有　　B. 有用　　C. 远　　D. 在家　　E. 有名

1. A：去机场太 ____ 了！
   B：没关系，我们有车。

2. 麦克，你那儿 ____ 没有新的本子？

3. 他在我们学校很 ____，很多人都认识他。

4. 请问，玛丽 ____ 吗？

5. 我觉得学中文很 ____！

（二） A.有些　　B.右　　C.月　　D.早　　E.元

1. 过马路的时候，先左 ____ 看看，等没有车的时候再过去。

2. 这个月玛丽买衣服用了 300 ____ 。

3. 我和麦克的生日都在 9 ____ 。

4. 李明，我 ____ 事想问问你。

5. 忙了一天，____ 点儿回去休息吧。

（三） A.有的　　B.右边　　C.再　　D.早饭　　E.怎么

1. ____ 同学不住学校里。

2. 我还是不明白，我想 ____ 去问问王老师。

3. 爸爸喜欢坐在沙发（shāfā, sofa）的 ____ 。

4. 李明？！你 ____ 来了？

5. 老师早！您吃 ____ 了吗？

（四） A.有时候　　B.雨　　C.再见　　D.早上　　E.在

1. 麦克，你 ____ 学校吗？

2. 我喜欢 ____ 喝咖啡。

3. 我先走了，____！

4. 他 ____ 喜欢开玩笑，不是认真的。

5. ____ 还在下，今天不能出去打球了。

三、选择合适的词语完成句子　Choose the right words to complete the sentences.

1. 老师，我 ____ 不明白的地方想问问您。

　　A.有的　　　B.有一些

2. 坐在你 ____ 的是你哥哥吗？

　　A.右边　　　B.右

3. 老师 ____ 好！

　　A.早　　　　B.早上

4. 外边的 ____ 真大！

　　A.雨　　　　B.下雨

5. 明天你们 ____ 看电影吗？

　　A.有时间　　B.有时候

第 24 单元 Unit 24

◎ 目标词语 Target words

461. 站	462. 找	463. 找到	464. 这	465. 这边
466. 这里	467. 这儿	468. 这些	469. 着	470. 真
471. 真的	472. 正	473. 正在	474. 知道	475. 知识
476. 中	477. 中国	478. 中间	479. 中文	480. 中午

◎ 速记 Quick memory

461　**站**　zhàn　*n.*　station, stop

汽车站；火车站；地铁（dìtiě, subway）站
我们10点前要到火车站。
我还有一站就下车了。

462　**找**　zhǎo　*v.*　look for; give change

找东西；找钱
王明，我的包呢？帮我找找。
先生，找您钱。

463　**找到**　zhǎodào　find

我在他朋友家找到了他。
你找到你的中文书没有？

464　**这**　zhè　*pron.*　this

这是谁的钱包？
这个杯子是玛丽的。

465　**这边**　zhèbiān　*pron.*　this side

先生们，这边请。
这边没人，我们就坐这儿吧。

466　**这里**　zhè·lǐ　*pron.*　here

这里不能抽烟。
我累了，想在这里休息一会儿。

467　**这儿**　zhèr　*pron.*　here

这儿不能抽烟。
我累了，想在这儿休息一会儿。

468　**这些**　zhèxiē　*pron.*　these

这些是什么东西？
这些水果是谁送的？

469 着　zhe　　pt.　　used to indicate the continuation of a state or an action

请进，门开着呢。
服务员笑着说："不客气。"

470 真　zhēn

（1）adv.　　truly, really
真好；真大；真漂亮；真累
这个商场里的东西真贵！
我真不喜欢喝咖啡，给我来杯茶吧。
（1）adj.　　real, true
真人；真事；真话；真花
这些花是真花吗？
那件事是真的，我看见了。

471 真的　zhēn de　　truly, really

他真的不是中国人。
你真的想去上海工作？

472 正　zhèng　adv.　in the process of

正吃饭；正看电视
他来的时候，我们正吃饭呢。
奶奶正看电视呢。

473 正在　zhèngzài　adv.　in the process of

正在工作；正在上课；正在睡觉
对不起，我正在工作，等一下儿给你回电话。
他正在问老师问题。

474 知道　zhī·dào　v.　know

A：小明，家里没有面条儿了。
B：好的，我知道了，我现在就去买。
你知道"筷子"是什么吗？

475 知识　zhīshi　n.　knowledge

孩子们在学校学习知识。
他很喜欢看书，书里可以学到很多知识。

476 中　zhōng　n.　in, at

家中；心中；同学中
他家中没有别人，只有他和他的女儿。
我的朋友中有很多是外国人。

477 中国　Zhōngguó　n.　China

中国人；中国菜
我有很多中国朋友。
你喜欢吃中国菜吗？

第 24 单元

478 **中间** zhōngjiān *n.* middle

麦克坐在玛丽和李明的<u>中间</u>。
A：这三个杯子哪个是你的？
B：<u>中间</u>那个白色的是我的。

479 **中文** Zhōngwén *n.* Chinese (language)

学<u>中文</u>；<u>中文</u>书
他在中国学习<u>中文</u>。
玛丽会唱<u>中文</u>歌。

480 **中午** zhōngwǔ *n.* noon

<u>中午</u>你睡觉吗？
昨天<u>中午</u>一个朋友请我去他家吃饭了。

◎ 速练　Quick practice

一、先根据词语写拼音，再将词语和正确的英文释义连起来
Write Pinyin according to the words, and then match the words with the correct English definitions.

1. 站 _____　　　　　A. truly, really

2. 找到 _____　　　　B. middle

3. 真的 _____　　　　C. noon

4. 知识 _____　　　　D. in the process of

5. 中间 _____　　　　E. find

6. 中午 _____　　　　F. Chinese (language)

7. 正在 _____　　　　G. station, stop

8. 中文 _____　　　　H. knowledge

二、选择合适的词语填空　Choose the right words and fill in the blanks.

（一）　A. 站　　B. 这里　　C. 真的　　D. 中　　E. 正

1. 这 10 个人 ____ 你认识几个？
2. 你们 ____ 卖（mài, sell）牛肉吗？
3. 你在哪一 ____ 下车？
4. 我们 ____ 说你呢，你就来了。
5. 你穿这件衣服 ____ 很好看！

（二）　A. 找　　B. 中间　　C. 真　　D. 这些　　E. 中午

1. 我 ____ 想现在就回去睡一觉！

2. ____ 钱是我准备给妹妹买书的。

3. 儿子呢？____ 就没看见他。

4. 给你 100 块，____ 我 50 块。

5. 张明家住 ____ 那个楼。

（三）　　A. 这　　　B. 中国　　　C. 中文　　　D. 这儿　　　E. 着

1. 你快来，我就在车站等 ____ 你。

2. 你什么时候来 ____ 的？

3. 我们就在 ____ 休息一下儿吧。

4. 麦克的 ____ 非常好。

5. ____ 两个同学都是王老师的学生。

（四）　　A. 找到　　　B. 这边　　　C. 知道　　　D. 正在　　　E. 知识

1. 学这些 ____ 有什么用？

2. 玛丽，你去找一下儿麦克，____ 了就说我在北门外边的车站等他。

3. 你先等一下儿，我 ____ 跟李东说工作的事呢。

4. 你们谁 ____ 哪儿有中国银行？

5. 您在 ____ 工作很多年了吧？

三、选择合适的词语完成句子　Choose the right words to complete the sentences.

1. 你 ____ 吗？王老师跟我爸爸是同学。
   A. 认识　　　B. 知道

2. 我还有两 ____ 下车。
   A. 站　　　B. 车站

3. 马路 ____ 没有商店，你去马路那边看看吧。
   A. 这里　　　B. 这边

4. 你说的是 ____ 吗？
   A. 真的　　　B. 真

5. 我们学校在商场和医院的 ____。
   A. 中　　　B. 中间

第25单元　Unit 25

◎ **目标词语**　Target words

481. 中学	482. 中学生	483. 重	484. 重要	485. 住
486. 准备	487. 桌子	488. 字	489. 子	490. 走
491. 走路	492. 最	493. 最好	494. 最后	495. 昨天
496. 左	497. 左边	498. 坐	499. 坐下	500. 做

◎ **速记**　Quick memory

481　中学　zhōngxué　*n.*　middle school

你家里有没有旧的中学课本？
你还记得你的中学老师叫什么名字吗？

482　中学生　zhōngxuéshēng　*n.*　middle school student

一个中学生
我弟弟和妹妹都是中学生。
很多中学生喜欢听她唱的歌。

483　重　zhòng　*adj.*　heavy

很重；不重
怎么买这么多东西，重不重？
明明，帮妈妈拿一下儿包，太重了！

484　重要　zhòngyào　*adj.*　important

非常重要；重要的事
这件事非常重要，你别忘了！
这个考试很重要，同学们要认真准备！

485　住　zhù　*v.*　live

住学校；住家里；住哪儿
你住哪儿？
他住在学校外边，每（měi, every）天开车来学校。

486　准备　zhǔnbèi　*v.*　prepare

明天有考试，晚上我要准备一下儿。
同学们，给你们5分钟准备一下儿，马上听写了。

487　桌子　zhuōzi　*n.*　table

一张桌子；桌子上
你的房间里怎么没有桌子？
那张桌子有点儿高，你还是用这张吧。

| 488 | 字 | zì | n. | (Chinese) character |

一个字；写字
你弟弟几岁了？会写字吗？
玛丽，你看这是个什么字？

| 489 | 子 | zi | suf. | used after a noun as a noun suffix |

本子；桌子；杯子；包子；孩子

| 490 | 走 | zǒu | v. | go, walk |

你们先走，我要等玛丽。
我不想走了，我们坐车吧。

| 491 | 走路 | zǒu//lù | | walk |

我们走路还是坐车？
电影院很近，我们走路去吧。

| 492 | 最 | zuì | adv. | to the highest or lowest degree |

最大；最慢；最喜欢
你最想做什么工作？
走这条路去学校最快。

| 493 | 最好 | zuìhǎo | adv. | had better |

我们最好今天去，明天下雨。
张老师上午有课，你最好下午再来。

| 494 | 最后 | zuìhòu | n. | final, last |

最后一天；最后一次
上课的时候他喜欢坐在最后。
她每天第一个来，最后一个走。

| 495 | 昨天 | zuótiān | n. | yesterday |

昨天我家里有事，请假回家了。
昨天你去哪儿了？怎么没来上课？

| 496 | 左 | zuǒ | n. | left |

有的人用左手写字。
我从左到右看了看，这几个人我都不认识。

| 497 | 左边 | zuǒbian | n. | left (side) |

在中国过马路要先看左边。
这家商场一楼的左边是卖衣服的。

| 498 | 坐 | zuò | v. | sit |

您请坐，想喝点儿什么？
去我家坐坐吧。

499 **坐下** zuòxia take a seat

累了吧？快<u>坐下</u>休息休息。
我们找个地方<u>坐下</u>慢慢说，好吗？

500 **做** zuò v. do

<u>做</u>饭；<u>做</u>作业（zuòyè, homework）；<u>做</u>事
你在<u>做</u>什么？
妈妈在<u>做</u>饭呢。

◎ **速练** Quick practice

一、先根据词语写拼音，再将词语和正确的英文释义连起来
Write Pinyin according to the words, and then match the words with the correct English definitions.

1. 中学 ＿＿＿＿＿＿＿＿＿＿　　　A. prepare

2. 准备 ＿＿＿＿＿＿＿＿＿＿　　　B. live

3. 走路 ＿＿＿＿＿＿＿＿＿＿　　　C. important

4. 重要 ＿＿＿＿＿＿＿＿＿＿　　　D. take a seat

5. 坐下 ＿＿＿＿＿＿＿＿＿＿　　　E. (Chinese) character

6. 最好 ＿＿＿＿＿＿＿＿＿＿　　　F. walk

7. 字 ＿＿＿＿＿＿＿＿＿＿　　　G. middle school

8. 住 ＿＿＿＿＿＿＿＿＿＿　　　H. had better

二、选择合适的词语填空　Choose the right words and fill in the blanks.

（一）　A. 中学　　B. 准备　　C. 走路　　D. 左　　E. 住

1. 桌子上边从 ＿＿＿＿ 到右有四个本子，第二个本子是麦克的。

2. 张老师不 ＿＿＿＿ 学校里边。

3. 你上 ＿＿＿＿ 的时候有多高？

4. 他 ＿＿＿＿ 明年结婚。

5. 这时候没有车了，我们只能 ＿＿＿＿ 回去了。

（二）　A. 中学生　　B. 桌子　　C. 最　　D. 左边　　E. 走

1. 进门后 ＿＿＿＿ 有一张桌子。

2. 早饭在 ＿＿＿＿ 上，你快吃了去上学吧。

3. 你弟弟是 ＿＿＿＿ ？怎么这么高啊？！

4. 过生日你 ＿＿＿＿ 想要什么？

5. 快点儿 ____ 吧，要上课了！

（三）　　A.重　　B.字　　C.最好　　D.坐　　E.昨天

1. 老师，这个 ____ 怎么读？

2. 王老师，您 ____ 这儿吧，我去那边。

3. 玛丽 ____ 去看电影了。

4. 你的书包太 ____ 了！

5. 天冷，你 ____ 多穿点儿衣服。

（四）　　A.重要　　B.子　　C.最后　　D.坐下　　E.做

1. 你想吃包 ____ 还是面条儿？

2. 明明，____ 作业的时候不要看电视！

3. 今天下午要开一个很 ____ 的会，我去准备一下儿。

4. 别生气了，来，____ 喝口茶。

5. 麦克今天是 ____ 一个到学校的。

三、选择合适的词语完成句子　Choose the right words to complete the sentences.

1. 我们 ____ 着上课。

　　A.坐　　　　B.坐下

2. 你叫什么名 ____ ？

　　A.子　　　　B.字

3. 时间到了，我们快 ____ 吧！

　　A.走　　　　B.走路

4. 麦克，你 ____ 坐的是谁？

　　A.左　　　　B.左边

5. 他们三个人里边，玛丽的中文 ____ 好！

　　A.最　　　　B.非常

语法术语缩略形式一览表
Abbreviations for Grammar Terms

缩略形式 Abbreviations	英文名称 Grammar Terms in English	中文名称 Grammar Terms in Chinese
adj.	Adjective	形容词
adv.	Adverb	副词
conj.	Conjunction	连词
int.	Interjection	叹词
m.	Measure Word	量词
n.	Noun	名词
nu.	Numeral	数词
ono.	Onomatopoeia	拟声词
pref.	Prefix	前缀
prep.	Preposition	介词
pron.	Pronoun	代词
pt.	Particle	助词
suf.	Suffix	后缀
v.	Verb	动词

一级词汇检索表
Index of Vocabulary Level 1

序号 No.	词语 Vocabulary	页码 Page	序号 No.	词语 Vocabulary	页码 Page	序号 No.	词语 Vocabulary	页码 Page
1	爱	1	24	比	5	47	吃饭	9
2	爱好	1	25	别	5	48	出	9
3	八	1	26	别的	5	49	出来	10
4	爸爸|爸	1	27	别人	5	50	出去	10
5	吧	1	28	病	6	51	穿	10
6	白	1	29	病人	6	52	床	10
7	白天	1	30	不大	6	53	次	10
8	百	2	31	不对	6	54	从	10
9	班	2	32	不客气	6	55	错	10
10	半	2	33	不用	6	56	打	10
11	半年	2	34	不	6	57	打车	10
12	半天	2	35	菜	6	58	打电话	10
13	帮	2	36	茶	6	59	打开	11
14	帮忙	2	37	差	6	60	打球	11
15	包	2	38	常	7	61	大	13
16	包子	2	39	常常	7	62	大学	13
17	杯	3	40	唱	7	63	大学生	13
18	杯子	3	41	唱歌	9	64	到	13
19	北	3	42	车	9	65	得到	13
20	北边	3	43	车票	9	66	地（de）	13
21	北京	5	44	车上	9	67	的	13
22	本	5	45	车站	9	68	等	14
23	本子	5	46	吃	9	69	地（dì）	14

序号 No.	词语 Vocabulary	页码 Page	序号 No.	词语 Vocabulary	页码 Page	序号 No.	词语 Vocabulary	页码 Page
70	地点	14	101	房间	21	132	还	26
71	地方	14	102	房子	21	133	还是	26
72	地上	14	103	放	21	134	还有	26
73	地图	14	104	放假	21	135	孩子	26
74	弟弟｜弟	14	105	放学	21	136	汉语	27
75	第	14	106	飞	21	137	汉字	27
76	点	14	107	飞机	21	138	好	27
77	电	15	108	非常	21	139	好吃	27
78	电话	15	109	分	22	140	好看	27
79	电脑	15	110	风	22	141	好听	30
80	电视	15	111	干（gān）	22	142	好玩儿	30
81	电视机	17	112	干净	22	143	号	30
82	电影	17	113	干（gàn）	22	144	喝	30
83	电影院	17	114	干什么	22	145	和	30
84	东	17	115	高	22	146	很	30
85	东边	17	116	高兴	22	147	后	31
86	东西	17	117	告诉	22	148	后边	31
87	动	17	118	哥哥｜哥	22	149	后天	31
88	动作	17	119	歌	23	150	花	31
89	都	18	120	个	23	151	话	31
90	读	18	121	给	25	152	坏	31
91	读书	18	122	跟	25	153	还	31
92	对	18	123	工人	25	154	回	31
93	对不起	18	124	工作	25	155	回答	31
94	多	18	125	关	25	156	回到	31
95	多少	18	126	关上	26	157	回家	32
96	饿	18	127	贵	26	158	回来	32
97	儿子	18	128	国	26	159	回去	32
98	二	18	129	国家	26	160	会	32
99	饭	19	130	国外	26	161	火车	34
100	饭店	19	131	过	26	162	机场	34

No.	Vocabulary	Page	No.	Vocabulary	Page	No.	Vocabulary	Page
163	机票	34	194	看到	39	225	马路	47
164	鸡蛋	34	195	看见	39	226	马上	47
165	几	34	196	考	39	227	吗	47
166	记	34	197	考试	39	228	买	48
167	记得	34	198	渴	39	229	慢	48
168	记住	35	199	课	39	230	忙	48
169	家	35	200	课本	40	231	毛	48
170	家里	35	201	课文	42	232	没	48
171	家人	35	202	口	42	233	没关系	48
172	间	35	203	块	42	234	没什么	48
173	见	35	204	快	42	235	没事儿	48
174	见面	35	205	来	42	236	没有	48
175	教	35	206	来到	43	237	妹妹｜妹	49
176	叫	35	207	老	43	238	门	49
177	教学楼	35	208	老人	43	239	门口	49
178	姐姐｜姐	35	209	老师	43	240	门票	49
179	介绍	36	210	了	43	241	们	52
180	今年	36	211	累	43	242	米饭	52
181	今天	38	212	冷	43	243	面包	52
182	进	38	213	里	43	244	面条儿	52
183	进来	38	214	里边	43	245	名字	52
184	进去	38	215	两	43	246	明白	52
185	九	38	216	零｜〇	44	247	明年	53
186	就	38	217	六	44	248	明天	53
187	觉得	38	218	楼	44	249	拿	53
188	开	38	219	楼上	44	250	哪	53
189	开车	39	220	楼下	44	251	哪里	53
190	开会	39	221	路	47	252	哪儿	53
191	开玩笑	39	222	路口	47	253	哪些	53
192	看	39	223	路上	47	254	那	53
193	看病	39	224	妈妈｜妈	47	255	那边	53

序号 No.	词语 Vocabulary	页码 Page	序号 No.	词语 Vocabulary	页码 Page	序号 No.	词语 Vocabulary	页码 Page
256	那里	53	287	起	60	318	上车	66
257	那儿	53	288	起床	60	319	上次	66
258	那些	54	289	起来	61	320	上课	66
259	奶	54	290	汽车	61	321	上网	68
260	奶奶	54	291	前	61	322	上午	68
261	男	56	292	前边	61	323	上学	68
262	男孩儿	56	293	前天	61	324	少	68
263	男朋友	56	294	钱	61	325	谁	68
264	男人	56	295	钱包	61	326	身上	68
265	男生	56	296	请	61	327	身体	68
266	南	56	297	请假	61	328	什么	69
267	南边	56	298	请进	61	329	生病	69
268	难	56	299	请问	61	330	生气	69
269	呢	57	300	请坐	62	331	生日	69
270	能	57	301	球	64	332	十	69
271	你	57	302	去	64	333	时候	69
272	你们	57	303	去年	64	334	时间	69
273	年	57	304	热	64	335	事	69
274	您	57	305	人	64	336	试	69
275	牛奶	57	306	认识	64	337	是	69
276	女	57	307	认真	65	338	是不是	69
277	女儿	57	308	日	65	339	手	70
278	女孩儿	57	309	日期	65	340	手机	70
279	女朋友	57	310	肉	65	341	书	72
280	女人	58	311	三	65	342	书包	72
281	女生	60	312	山	65	343	书店	72
282	旁边	60	313	商场	65	344	树	72
283	跑	60	314	商店	65	345	水	72
284	朋友	60	315	上	65	346	水果	72
285	票	60	316	上班	65	347	睡	72
286	七	60	317	上边	66	348	睡觉	73

序号 No.	词语 Vocabulary	页码 Page	序号 No.	词语 Vocabulary	页码 Page	序号 No.	词语 Vocabulary	页码 Page
349	说	73	380	我	78	411	新	85
350	说话	73	381	我们	80	412	新年	85
351	四	73	382	五	80	413	星期	85
352	送	73	383	午饭	80	414	星期日	85
353	岁	73	384	西	80	415	星期天	85
354	他	73	385	西边	80	416	行	85
355	他们	73	386	洗	80	417	休息	85
356	她	73	387	洗手间	80	418	学	85
357	她们	73	388	喜欢	80	419	学生	86
358	太	73	389	下	81	420	学习	86
359	天	74	390	下班	81	421	学校	88
360	天气	74	391	下边	81	422	学院	88
361	听	76	392	下车	81	423	要	88
362	听到	76	393	下次	81	424	爷爷	88
363	听见	76	394	下课	81	425	也	88
364	听写	76	395	下午	81	426	页	88
365	同学	76	396	下雨	81	427	一	88
366	图书馆	76	397	先	81	428	衣服	89
367	外	76	398	先生	81	429	医生	89
368	外边	76	399	现在	82	430	医院	89
369	外国	77	400	想	82	431	一半	89
370	外语	77	401	小	84	432	一会儿	89
371	玩儿	77	402	小孩儿	84	433	一块儿	89
372	晚	77	403	小姐	84	434	一下儿	89
373	晚饭	77	404	小朋友	84	435	一样	89
374	晚上	77	405	小时	84	436	一边	89
375	网上	77	406	小学	84	437	一点儿	90
376	网友	77	407	小学生	84	438	一起	90
377	忘	77	408	笑	84	439	一些	90
378	忘记	77	409	写	85	440	用	90
379	问	78	410	谢谢	85	441	有	93

序号 No.	词语 Vocabulary	页码 Page	序号 No.	词语 Vocabulary	页码 Page
442	有的	93	473	正在	98
443	有名	93	474	知道	98
444	有时候｜有时	93	475	知识	98
445	有（一）些	93	476	中	98
446	有用	93	477	中国	98
447	右	93	478	中间	99
448	右边	93	479	中文	99
449	雨	94	480	中午	99
450	元	94	481	中学	101
451	远	94	482	中学生	101
452	月	94	483	重	101
453	再	94	484	重要	101
454	再见	94	485	住	101
455	在	94	486	准备	101
456	在家	94	487	桌子	101
457	早	94	488	字	102
458	早饭	95	489	子	102
459	早上	95	490	走	102
460	怎么	95	491	走路	102
461	站	97	492	最	102
462	找	97	493	最好	102
463	找到	97	494	最后	102
464	这	97	495	昨天	102
465	这边	97	496	左	102
466	这里	97	497	左边	102
467	这儿	97	498	坐	102
468	这些	97	499	坐下	103
469	着	98	500	做	103
470	真	98			
471	真的	98			
472	正	98			